前 哲央

なぜかきらわれない生徒指導

東洋館出版社

まえがき

人気者の先生になりたいと思っていました。普通にしていたら、簡単になれるとも思っていました。

笑顔の生徒が何人も「先生！　聞いて聞いて！」と集まってきて、楽しく話をする。ときには真剣に、「先生、悩みがあるんです。話を聞いてください」と相談してくる。的確なアドバイスをすると、ニコッと笑って「先生ありがとうございました」と感謝される。いろいろな生徒が集まってきて、真面目な話やたわいもない話をして過ごす。

毎日そうあることは難しくとも、普通に何人かの生徒に慕われ、頼りにされて、やりがいを感じながら仕事ができると思っていました。人柄にも、自信がありました。

しかし現実は全く違っていました。

生徒は先生を品定めします。敵対心を持っている子もいます。誰も先生を信頼しておらず、慕ってもいないような学校もあります。ひどいところでは、生徒は先生に当たり前のように罵声を浴びせることもあります。さまざまな学校で教えるうちに、正直、「とんでもない仕事についた」と思いました。現実は、思っていたものと全く違っていたのです。しかし、しばらくすると、それもまた少し違うのだということがわかってきました。

慕われている先生がいます。親しげではないのに信頼されている先生もいます。密かに人気者の先生がいます。それがわかったとき、「バカにされているのは自分だけではないか」と思い、愕然としました。これはマズい。「自分も人気者にならなければ」と思いました。それからは、どんな先生が人気者なのか、なぜ人気があるのか、人気の秘訣は何なのか、それを探求する生活が始まりました。

「人気の秘訣」はたくさんあって、理由もそれぞれだし、人によって好き嫌いもあるので、万能の方法はありませんでした。しかも漠然としていて、はっきりとはわからない。

しかしその中にも、やはり一定の法則や傾向があります。純然たる事実も。例えば人気のある先生は年度が変わっても人気がある。人気のない先生は年度が変わってもやはり人気がない。

他にもいろいろなことがわかってきました。例えば、人気取りをする先生が人気者であるとは限らないこと。むしろ、そのような先生は生徒にバカにされていること。「あの先生は、生徒に好かれようと思っていろいろするけど、逆効果にしかなっていない」と言われていること。生徒は鋭いのです。よく見ている。そして見抜いている。

「人気がある先生」かどうかと、「良い先生」かどうかは、少し違います。また、先生としてどうあるべきかということとも少し違う。そこにもし一筋の線を通すことができるとすれば、それはやはり、生徒がその先生を信じられるか、ということだったように思いました。

*

私がなぜこうしたことにこだわり、観察し、考えを深めていこうと思ったか、そのきっかけは新採用の年、つまり先生として仕事をする一年目にあります。

私はその最初の年、とても苦労しました。生徒にはめちゃくちゃに言われ、授業もうまくいかず、当然、生徒との人間関係は全くつくれない。毎日毎日、一体何をしに職場に行っているのかわからない、そんな日々でした。

先輩の先生に迷惑ばかりかけて、少しの役にも立っていない。どうしたらいいのだろうと迷いながら、とにかく少しでも教師としての力を付けて、少しでも学年、学校の役に立ち、生徒のためになることができるようにならなければならないと思いました。

そこで、周りの先生たちは何がすごいのか——なぜあんなに仕事ができるのか、なぜあんなに上手に生徒と接することができるのか——という謎を解き「自分もあの先生たちと同じように教師という仕事に自信を持って取り組めるようになりたい」と思ったのです。

ベテランの先生たちは自分と何が違うのか。なぜ生徒たちは私のことをバカにして全く言うことを聞かないのに、ベテランの先生たちの言うことはちゃんと聞き、信頼し、悩み事を相談するのか。何が違うからそうなっているのかを知りたかったのです。そしてそのために、まず周りの先生たちを観察することから始めました。

発端は、生徒との雑談で不思議に思えることを聞いたからでした。「私あの先生が好き」「来年もあの先生のクラスがいい」と言うのですが、その先生とは学校で一番怖い先生で、叱るときなどは私から見ても「ちょっと厳しすぎるな」「ちょっとひどいな」とさえ思えるような先生でもあったのです。怖い先生が好きって変わってる子だな、と正直思いながら他の子にも聞いてみると、意外にもその怖い先生は人気があった。「来年はその先生に担任してもらいたい」と言う子がたくさんいたのです。そこから私の「生徒からの人気が高い先生」の観察が始まりました。

また、逆に生徒からなかなか慕われない先生を見つけて、その理由を観察しました。そして、一定の結論に達することができました。その結論とは、**人気のある先生の人気の秘訣は一つの決定的な理由ではないが、人気のない先生とは具体的に明らかな違いがある**ことです。つまり「一つ一つのはっきりとした理由があり、その積み重ねで人気のある・ないの違いになっている」ということです。

繰り返しになりますが、先生としての人気を上げていくのは、それだけで充分良い試みではあるのですが、人気がある先生が必ずしも良い先生、立派な先生というわけではないのです。良い先生になるために頑張るべきことはたくさんあります。そのたくさんある中の一つに、「人気者の先生になる」ことがあると思っています。

（まだ本編も始まらないうちにひっくり返すようですが）**先生の目的は、生徒を立派に育てることであり、自分が人気者になることではない**のです。生徒を立派に育てるという目的の、手段の一つに「先生が人気者になる」「生徒から信頼される」というものがある。生徒から人気のある先生になったら、生徒との信頼関係もつくりやすい。したがっていろいろな仕事もやりやすくなる。そしてそのことは生徒に還元できることにもつながってくる。そういう流れで本書は貫かれています。

私は毎日生徒を育てる仕事をしていて、「人気の研究」が本業ではないので、画期的な理論や方法を提供することはできません。日々の学校生活で見たこと感じたこと考えたことを少しわかりやすくまとめようというのが本書の目的です。正直に言ってしまうと、「目から鱗が落ちました」ということはないし「何を頑張ればいいかはっきりしました」ということもないかもしれません。でも、これを読むことによって「それなら自分はこれから何を頑張ろうかな」と考え始めてもらえたら、つまり考え始めるきっかけになってもらえたらと思っています。そのような形であれば少しは役に立つのではないか、とも。

若い先生も、ベテランの先生も、先生以外の人も「どんな先生が子どもにとって良い先生なのか」を一緒に考えていってもらえたら幸いです。

2024年11月

前　哲央

CONTENTS

目次

第2章 きらわれないためのアクション

第3章 それでもきらわれる

第1章

きらわれないのは何のためか

きらわれないから良いクラスになる

先生という職業

先生という仕事は、生徒を育て、生徒が良い方に成長するように導いていくもの。これは先生をしている人にとって共通理解だと思います。そのために、生徒と話をしたり、生徒を叱ったり、褒めたりする。生徒が、失敗したときには反省し、頑張ったら自信を持ち、人に優しい気持ちをもち、良い行いをしようと心掛けてくれたら大成功です。大成功が達成できなかったとしても、少なくとも教師は、生徒をそのような方向に導いていこうとする必要があります。それを、学活、授業、道徳、掃除、給食、部活動といった学校生活の中で実行していくのです。

もちろん、授業で教科の知識、技能、見方・考え方といった学力を身に付けさせることも大切です。でも、ただ「学力」を付けるだけということもまた、できないはずなのです。なぜなら、主体的な努力をしたいと生徒が思って初めて、学びの楽しさを知り、それが学力へとつながっていくはずだからです。

もし、さらに高い理想を掲げるとすれば、特定の集団が頑張っているだけでは、十分ではないかもしれません。生徒一人ひとりが、その子なりに良い心掛けをもって生活するかどうか。授業で一生懸命に勉強しようとするか。そこが大事です。考える場面では一生懸命に考える、辛抱のいる内容ではしんどくても一生懸命に頑張る、学校生活ではそういった心掛けが必要なのも事実です。

授業を受けて、勉強をして学力を付ける。そのことだけに視点を置いてみても、先生の言うことを聞かない、反発する、指示に従わない、といった生徒は、能力が高くても学力がなかなか身に付かないことが多いでしょう。逆に、先生の言うことを「へえ、そうなんだ、なるほど!」と興味をもって聞き、「宿題は必ずしなければならない」と思い、「テストがあるから時間をかけて頑張ろう」と素直に思う子、つまり前向きに取り組むことができる子は、学力が付きやすいです。

学力に限らず部活動でも、素直に頑張る子は上手になっていきます。一方で、先生の言うことに反発して自分の流儀ばかりを求める生徒はなかなか上手にならない。練習がアンバランスになったり、客観的なアドバイスの有益な点も、なかなか取り入れられないからです。良い心掛けは、能力を伸ばしていく場面に限らず大事です。学校生活ではみんなと協力しなければならない場面があります。掃除や給食の準備では、自分勝手にサボる子だけでは成り立たない。人にイヤな仕事を押し付けてばかりだと、友達との関係も壊れるし、本人が損をすることにもなるでしょう。

だからといって、学校というところは、そんなに簡単に生徒たちが良い心掛けになるところではなく、簡単に一生懸命に勉強するようになるものでもありません（これは先生方もよくご存じでしょう）。むしろ、勉強はサボりたい。掃除はもっとサボりたい。先生をからかうのは楽しい。きらいな子とは喧嘩になる。いじめに発展することもある。**学校は、ちょっと油断すると心掛けの悪い人だらけになってしまう場所**なのです。

荒れた学校、すさんだ学校は多いです。また、普通の学校でも、わずか数年で荒れた学校、すさんだ学校になることもあります。そして荒れた学校、すさんだ学校では、多くの普通の子の良い心掛けが簡単にくじかれてしまう。口は悪くなり、心もすさんでいく。学校というところは、一人ひとりの生徒が、良い心掛けになりもするし、簡単に悪い心掛けになるところでもあるのです。

先生はそのときどうするか

生徒一人ひとりがどちらを目指そうとするかは、彼ら自身の問題や家庭の問題、友人関係、恋愛の問題など、いろいろな要因によって決まります。つまり、ひとりでに心掛けが決まっていくのではなく、彼らなりの事情があることがしばしばです。

しかし、そうしたさまざまな課題をもった生徒たちの集まりである「クラスという集団」がどちらの方向へ向かっていくかは、担任の先生によるところが大きいでしょう。担任の先生の言うことに聞く耳をもつかもたないか、担任の先生の言うことを素直に聞いて頑張ろうとするかどうかは、担任の先生がどんな人であるかにかかっているところが大きいのです。そして、生徒たちが担任の先生のことを〝好きかどうか〟が、意外にも大きく影響するのです。

生徒たちが担任の先生のことを好きなら、そのクラスは良いクラスになっていきます。そして、（残念なことですが）生徒たちみんなが担任の先生のことをきらいなら、クラスはだんだん荒れていく。生徒たちの気持ちがすさんでいき、みんな頑張らなくなるのです。そして、悪い雰囲気がまん延していくと、悪いことが頻発するようになります。いじめすら起こりかねない空気です。いじめが起こりやすい集団とさえ言えるでしょう。そうなってしまっては、もう打つ手はあまり多くありません。後手に回ることが多くなってしまいます。

私が若いころ、先輩の先生に**「生徒に助けてもらえるようになりなさい」**と言われたことがあります。そのときは具体的なことをイメージすることができませんでしたが、担任として困ったときにその言葉の意味がわかりました。

クラスが悪い方向に向かいだしたとき、担任の先生は「何とかしたい、今の現状を打開して良いクラスに変えていきたい」そう思うはずです。そんな気持ちに答えてくれるのが、生徒たちです。いや、必ず答えてくれるとは限らないかもしれません。先生が焦って「何とかして良いクラスにしたい」と思い、生徒たちにそれを投げかけたときに、「この先生と一緒に良いクラスにしていこう」と思うか「そんなことはどうでもいい」と思うかは、その担任の先生がどのような先生か、生徒とどのように関係を築いているかによるからです。先生がどんなに「良いクラスにしたい」と思っていても、生徒たちが先生のことをきらいであれば「先生の思いなんかはどうでもいい」「自分勝手に生活した方が気楽で楽しくていい」ということになる。

つまり、「この先生は、私たちのために良いことをしてくれる（当然、生徒にとってうれしいことだけでなく）」「約束を守ってくれる」「言ったことを簡単に翻さない」という信頼があったときに、生徒たちもクラスの雰囲気づくりに協力してくれるのです。

信頼されるにも、きらわれるにも、理由がある

人気のある先生とは、生徒に「あの先生好き」「あの先生のクラスになりたい」と言われる先生です。逆に「あの先生きらい」「あの先生のクラスには絶対になりたくない」と思われる先生は、人気のない先生といえるかもしれません。人気のあることが良いか悪いかは別にして、実際に人気のある先生とそうでない先生の違いははっきりしています。

最初は人気がなかったとしても、1ヶ月、2ヶ月とたつうちに徐々に人気が出てきて、生徒が卒業する頃には大人気になる先生もいます。逆に最初は人気があったけれど、ある頃から人気が急下降する先生もいる。人気のあり方も人それぞれだし、生徒が入学してから卒業するまでの三年間、毎回同じパターンで人気度合いが変化する先生もいれば、クラスや学年、あるいは学校が変わると全く違った人気度合いになる先生もいるでしょう。一言で「先生の

人気」と言っても、その形はさまざまです。

こうしたこともありえます。一部の生徒に大人気だけれど、その他の生徒からはまったく関心をもたれていない。自分のクラスの生徒にはきらわれているが他のクラスの生徒には人気がある。関わりのない生徒も含めて学校全体でなんとなく人気がある。他学年の一部の生徒から熱烈な人気がある先生、など。つまり、人気の形もさまざまなのです。それによる役割分担もあるでしょう（詳しくは第3章をご覧ください）。

「まえがき」でもふれたように、怖い先生がきらわれて、穏和で優しい先生が人気になるとは限りませんし、人気がある先生が良い先生というわけでもないのです。怖い先生が悪いわけでもなく、逆に怖い先生が立派な先生というわけでもない。

逆に、きらわれている先生には、なぜきらわれているかという理由も必ずあるのです。そして複数の生徒に聞いてみたら、そのきらわれている理由はほぼ一致します。つまり「その先生のきらわれる理由」ははっきりとしていて、ある意味それをなくしていけばきらわれなくなります。**そしてその積み重ねで、きらわれている先生も信頼を勝ち得ることがかなう**かもしれません。

人気とはつまり、信頼関係をどう積み重ねるかに置き換えられるのです。

人気は信頼の裏返し

いろいろな先生がいて、信頼される理由もさまざまですが、共通することもあります。生徒が先生を評価するときに重要視することがあります。それは、**「この先生は、自分に何かあったときに必ず守ってくれる人だ」と思えるかどうか**ということです。少なくとも「守ろうと努力してくれる先生だ」と思えるかどうか。

いくら個性的でスマートで優しく見えても、自分が本当に困っているときに見捨てるような先生は信頼できないし、好きになれません。「自分を守ってくれる先生である」ということは、生徒が先生を評価する上での「絶対条件」です。

生徒は不安を抱えています。「もしかしたら友達との関係がうまくいかなくなっていじめられるかもしれない」と考えたことのある生徒はたくさんいるでしょうし、そうでなくても、今何かしら不安だという生徒もたくさんいるでしょう。学校生活がずっと不安だという生徒もいる。

もしも自分がいじめられたら当然つらいし、何とかいじめっ子と良い関係をつくる努力をして自分で解決したいと思うかもしれません。でも、もしどうにもならなかったら「担任の先生に相談したら何とかしてくれる」「何とか解決しようと一生懸命に頑張ってくれる」と思えることは、生徒にとってものすごい安心感になります。

生徒は日々先生を観察しています。忙しい毎日の中で、先生のささいな言動を見て「この先生は信頼できるかな」「この先生は自分自身のことと生徒のこととどっちを大事にするかな」「自分が悪い人にからまれたら助けてくれるかな」と見つめています。

そして「何となく頼りになりそう」「何となく信頼できる」「なんかダメそう」といったことを感じとっています。そういった評価の積み重ねで先生がどんな人かを判断し、「先生に好感をもてる」となり、そしてそれが集まることで、その先生への信頼が積み重なっていく。

生徒は時々「先生、そんなことしてたら校長先生に言いつけるよ」とか「先生、ヤンキー(問題行動ばかりする生徒のこと)が怖いんだろう?」「先生、自分がしたくないから反対するでしょう?」などと言ってくることがあります。そのときこちらの(先生の)返答、態度、反応を見られているなあと感じます。

これは先生の反応を見て、「この先生、本当に大丈夫かな?」「頼りになるかな」「自分勝手じゃないかな」を見抜こうとしているのだと思います。生徒が何か「引っ掛けるような質問」をしてきたときは、生徒が先生の反応を見ようとしているときであり、その反応をクラス全員が見ていると思った方がいいでしょう。普段おとなしい子が、家で「今度の先生どんな人?」と聞かれたら、「大丈夫」とか「ダメそう」と答えることができるのは、先生と他の子とのやり取りをじっと聞いているからです。

このようにして、生徒は「この先生は自分たちを守ってくれるかどうか」を判断しています。こうした、日々の生徒からの〝テスト〟にいつも合格するのは至難のわざです。「何があっても守ろう」と思うことはできても、実際の子どもの危機は表立って目に見えないことも多々あります。

まずは気づくことができるか、というのが最初の、かつ最大の難問なのだと思います。それを実際にどうしていくかは、第2章を見てみてください。

生徒から信頼されることと授業

何か悩み事がある生徒がいたとき、その生徒はだれか先生に相談しようとします。悩み事のある生徒は、担任の先生でなくても、誰にでも相談に行けばいいわけですが、その中でも一番身近な担任の先生に相談に行くことが多いでしょう。

逆に言えば、そのように生徒が悩みを抱えていて誰かに相談したいと思ったとき、きらいな先生には相談したくないはずです。きらいな人に打ち明けるくらいなら、「まあいいか」「言わずに我慢しよう」ということになります。もちろん、すべての生徒から好かれることは到底不可能ですが、多くの生徒にこのような行動をとらせてしまった場合には、先生という仕事をきちんとしているとは言えないと私は考えます。

また、生徒が悩みを相談しに来たときには、やはり好きな先生だと先生のアドバイスを聞き入れやすいし、厳しいことを言われても素直に受け入れることができます。つまり、「良いことを言うから信頼される」というより、相談される前の信頼関係によって、子どもがこちらの助言や指摘を聞いてくれるかどうかが決まるのです（もちろん、厳しいと言ってもマルトリートメントにあたるような内容はいけません）。

その他にも、授業では、生徒が素直に先生の話を聞くことができ、素直に先生の指示に従うことができる。したがって授業が崩れることも少なくなります。

先生は授業の内容や流れを計画的に進めます。覚える活動、練習を繰り返す活動、じっくりと時間をかけて考える活動、みんなで話し合う活動と、いろいろな活動を計画的に配分します。「なぜだろう」と、じっくりと時間をかけて考えるべき場面では、先生が「考えてみよう」と指示を出し時間を取る。先生がわざと間違えたり、「これ本当かな？」と言って、考えさせる場面をつくることもあります。先生が「練習しよう」と指示を出せば生徒が「頑張って練習しよう」と思い、先生が「本当かどうか考えてみよう」と指示を出せば生徒が一生懸命に考える。そうした時間の積み重ねが、生徒の学力につながっていき、次なるステップとして主体的な学びを紡ぐことができます。

極端な場合、きらいできらいでしょうがない先生の言うことは、生徒がすべて反対にしようとすることもあるでしょう。これではそもそも学習が成立しません。言うまでもなく、生徒に好きだと思われている先生は、授業もやりやすいのです。**そして大切なのは、授業がやりやすいということは、生徒に力を付けさせやすいし、力が付いていくと学習に対する興味も増えていき、生徒に将来的に良い影響を与えることもできる**ということです。教師としての職務を全うすることもできます。

「信頼」はいざというときに効く

生徒指導に関してはたくさんの苦労をしてきました。

ある生徒に指導しなくてはいけない場面で、その子を叱っても諭しても、なかなか思いが伝わらない。こっちの言うことを素直に聞いてくれない。「難しいなあ」そう思いながら、いろいろな言い方をしてみるのですが、やっぱりどうも伝わっていかない。

ところが、他の先生に手伝ってもらったら、つまり他の先生に話をしてもらったら、急に素直に話を聞くようになり、深く反省もして、その日は「頑張ります」と言って帰っていきました。このとき、言っている内容自体は、自分とその先生とであまり違いはなかったのです（正直なところ、その先生の方が格段に上手に言っているというわけでもないようでした）。

「なぜあの生徒は、私の言うことは聞かないのにその先生の言うことは素直に聞くのだろう?」少し腹も立ちましたが、それよりも、どうしてなのかが気になり、真面目に考えてみました。

出た結論は、やはり「その先生のことが好きかどうか」ということでした。見方を変えれば、それまでに至る普段の生活でその生徒との「良い関係」をつくってきたことが、いざというときの生徒の反応に影響したということです。

もちろん、「誰の言うことも素直に聞かないとダメだよ」と指導することは大切ですし、そのように素直な子になってもらいたいとも思います。しかし、人はそんなに簡単なものではないはずです。

「きらいな先生の言うことは聞きたくない」というのは感情的なことなので、理屈ではいけないとわかっている子でも、なかなか変えることはできません。やはり大事なのは、そのときまでに、「良い関係を築いておく」ということなのだと実感した出来事でした。

教室が安全基地になる

担任の先生が人気者だと、クラスは過ごしやすい場所になります。先生の人気とクラスの雰囲気は関係するのか。先生の人気とクラスの集団のつくり方は関係があるのか。そんな疑問をもたれるかもしれませんが、人気のある先生と、その先生のクラスを見比べてみると、明らかに関係があることがわかります。ここで言う人気とは、ただ単にかっこいい先生とか怒らない先生といった意味ではなく、わかってくれる先生、信頼できる先生、守ってくれる先生を指します。

そうした先生のクラスでは、生徒たちが頑張ります。生徒が頑張るから、授業もやりやすいことが多いでしょう。悪いことをした生徒は、叱られたら受け入れて、反省します。そして、悪いことは悪いこととして扱われるので、正しいことを言う子の意見が通り、悪い意見は通りません。クラスを悪い方向にもっていこうとする子がいたら、「ダメだ」とみんなが言えます。**いじめがあっても、先生が必ず守ってくれるから「いじめはダメだ」と言える**のです。

正しいことを言ったときに必ず先生が助けてくれる。それがあって初めて、「悪いことは悪い」と勇気を出して言うことができるのです。みんなが言えれば、正しい意見がクラスの意見になります。悪いことをしようにも、みんなが敵対するのは困るので、悪いことができない。結果的に悪いことをしようとする子も、いい子になるほうが得がある。こうして良いクラスができあがっていきます。良いクラスをつくることができれば、その先生の人気も上がるので、さらに良いクラスになっていく。教師としての仕事もどんどんやりやすくなっていき、好循環ができます。

また、生徒たちが「この先生は何が悪くて何が悪くないことかをきちんと区別している」と感じると、一部を除く大多数の生徒が悪いことをしなくなります。悪い子だと思われるのはだれでも嫌だからです。

生徒たちは、「悪い子」と思われたくはないのです。それなのに「悪い子」の基準がおかしかったら、「悪い子と思われたくない」「いい子と思われたい」という気持ちが実態とずれてきます。

担任の先生が「悪いこと」と「悪くないこと」の区別をはっきりと付けて、しかも「悪い度合い」の秩序も守って、「悪いことは悪い」とはっきりと明言するように努めれば、そのずれは起こりづらくなります。そうすると「あの先生は秩序を守ろうとしてくれる人」だと思われるし、実際に秩序が守られるので、生徒たちはその先生を評価します。

本当は、それを学校全体で歩調を合わせ、同じ基準で取り組めばスムーズかもしれません。1人の先生だけで言い続けるのは難しいことです。たとえば他の先生が言わない、見て見ぬふりをするのに、1人だけで言い続けるのは想像するだけでたいへんな状況です。生徒の反発もあるでしょう。

そうしたときは、「悪いこと」の基準だけでもはっきりとさせておくといいと思います。そして「悪いこと」は「悪いこと」として評価はきちんとしていると伝える。「決して許してしまっているわけではない」と他の生徒たちにも伝えておきます。

生徒はみんな不安を抱えている

先述の通り先生にはいろいろな人がいますが、生徒にもいろいろな人がいます。それに、難しい。

例えば、口は悪いけれど心は素直な子はたくさんいます。「憎まれ口ばかりきくが、二人だけで話をすると思いのほかとってもいい子だった」というのは、よくある話でしょう。

毎日明るく過ごしているように見えて、深い悩みを抱えている子もたくさんいます。そのような子どもたちと毎日接していて「悩みや不安を少しでも和らげてあげたい」「少しでも楽にさせてあげたい」と思うのは、私たち教師にとって共通の願いです。また、そこに仕事のやりがいを求めている方も多いと思います。

昔と違って、大人だけでなく子どもまでもが大きな不安やストレスを感じているのが、今の世の中です。子どもたちは、大人が想像するよりはるかに多くの不安やストレスを感じています。毎日毎日ネットやゲームばかりして、宿題も準備物も忘れるばかりで呑気そうに見える子どもでも、大きな不安を抱えていると思った方がいいでしょう。

そのような不安でいっぱいの子に、少しでも気持ちが楽になるような声かけをしてあげるといいし、その苦しさをわかってあげるだけでもいいのではないかと考えています。その少しの声かけで、その子は救われるかもしれないし、自信がつくかもしれない。その少しずつの積み重ねで信頼関係ができてきて、子どもたちの安心感につながっていく。

そのように意識できれば、当然、「なんかいい先生だなぁ」と思われるし、生徒の不安やストレスに気づくことができない先生、あるいは生徒の不安やストレスを軽視する先生は「あの先生、なんか自分勝手でイヤ」となるのです。

生徒を毎日よく見ていると、生徒のコンディションはよく伝わってきます。中学生ぐらいの年齢は、ある意味素直で、イヤなことや不安なことがあると、顔に出るからです。それが体調不良として現れることもあるでしょう（その逆に、体調は悪くないのに、体調不良を訴えるケースも然り）。顔や態度を見れば、それらは意外とよくわかります。

良いことがあったときも顔に出ます。何か良いことがあったのかを聞くと喜びます。生徒は先生が声を掛けると、多くの場合素直に話をしてくれます。

また、コンディションが悪いということがわかっても、何があったかは聞いてみないとわかりません（いつもと違う顔つきの生徒を呼んで、ストレートに「何かあった？」と聞くと突然泣き出した、といったこともままあります）。だから、いつもと違う感じを出している生徒にはまず声を掛けてみます。そして、話を聞く。家庭の問題であれば、完全には解決してあげることはできないかもしれませんが、アドバイスはできるし、話を聞くだけでも気持ちが楽になる場合もあります。

特に家庭が原因のときはわかりやすいです。「親が大変なことになっているときは、すぐにそうだとわかる」という同僚の先生もいました。やはり子どもにとって親は大事な存在で、例えば父親と母親が家で毎日のように喧嘩をしていて「離婚するかもしれない」と思って生活している子は、周りが見てわかるぐらい、普段との違いを発していると思います。そんな子が、何もなかったように楽しく満面の笑顔で過ごしているということはありえません。だから、その先生は「よく見ていたらわかるはずだ」と言ったのです。

しかしそこで気をつけたいのは、**不安でいっぱいの子は、少しでも安心できるような優し**

い声かけを求めているけれど、そうでない子は先生にそんな声かけは求めていないということです。辛いときや苦しいときに声をかけてもらえるとうれしいけれど、そうでないときに声をかけられてもうっとうしいだけだったりします。

心配して優しい声かけをした先生に生徒が「うるせえ」と返しているのを見かけることもあります。「礼儀はなっていないが正直な子だなあ」と思います。良い声かけも悪い声かけも、その子が必要としていることとマッチしていなければ、逆効果にしかなりません。おとなしい子や礼儀正しい子は、「大丈夫です」と返事をするでしょうが、逆に「先生、わかってないわぁ」と思われていることでしょう。わずかな行き違いで悪意も感じませんが、積み重なると「この先生は私たちのことがわかっていない」と決定付けられることになりかねません。

生徒は「言ってほしいときに言ってほしいことを言ってくれる先生」そして「言ってほしくないときにはほっといてくれる先生」が好きです。少なくともそのような先生は、自分のことをちゃんとわかってくれる先生であり、信頼に足ると判断されると感じます。

当たり前の感覚

先生方もご存じの通り、学校というところは、荒れると大変なことになります。生徒は無茶苦茶をするし、先生は大忙し。授業もまともに進まない。荒れているだけならまだマシで、荒れていると集団がすさんでくるのです。集団がすさんでくると、もう何をやってもうまくいかない。非常に苦しい状況です。疲労が溜まるだけでなかなか改善に向かわない。何とか卒業式まで持ちこたえてほしい、としか考えることができなくなります。

また、そこまで大変になっていなくても、気持ちがすさんでいる子や、ひねくれたことを言ってくる子はどこにでもいます。素直でない子もいるし、自分はいいんだけど友達の手前、先生に反抗的な態度を取らざるを得ない子もいるでしょう。そのような子がたくさんいる日常だと、学級や学年が、当たり前のことが通じない世界になっていきます。

「当たり前のこと」とは、例えば人に助けてもらったら「ありがとう」、悪いことをしてしまったら「ごめんなさい」と言えることです。誰か困っていたら助けてあげよう。誰かが辛い思いをしていたら何とかしてあげよう。それが難しいようなら先生に言おう、相談しよう。誰かに良いことがあったらみんなで喜び、誰かが頑張っていたらみんなで応援しよう。**そういう「当たり前」が効いている社会では、みんなが安心して過ごせます**。

その当たり前が、中学校ではきっかけ次第で簡単に逆さになってしまいます。先生も、ヤンチャな子も、真面目な子も、みんなそろって真逆になってしまうのです。

人の嫌がることをする。それを見てみんなで楽しむ。頑張っている人をみんなで笑う。頑張っている人の足を引っ張る。頑張らないことが正しい。悪いことがかっこいい。先生の言うことを素直に聞く子は「いい子ぶりっ子」と言われていじめられる。一部のまともな感覚の生徒は、存在感を消して、できるだけ目立たないようにして、ただただ時間が過ぎるのを待つ生活を送る。……そんな学校はあってはいけないのでしょうが、こうした課題に苦しむ学校は多いと思います。

このようなことは、当然ながら誰も望んでいないし、気持ちもよくありません。クラスを壊そうとした張本人ですら望んでないのです。子どもも大人も、みんな褒められるのが好きで叱られるのはきらいなはずで、お互いに気持ちのいい言葉を掛け合いながら協力し合って生活したいはずです。

家庭環境のせいにするケースを見聞きしますが、それも注意が必要です。「家庭環境が悪いからあの子はダメなんだ」「家庭環境が悪いから仕方がない」と言ってきちんと指導しないのでは、だれも救われません。**家庭環境が悪かろうが悪くなかろうが、悪い行動は悪いし、してはいけないことはしてはいけないと伝えることが、次につながります**。家庭環境が悪くても人に迷惑をかける行動はしてはいけなくて、もししてしまったら叱られるのです。それと、必要な支援やケアを行うことは、矛盾せずに両立します。

「家庭環境が悪いから生徒は悪くない。だから叱らない」ということを繰り返していると、クラスや学年がどんどん荒れてきます。荒れて、なおかつすさんでくる。そして当たり前の感覚が通用しない集団になっていくのです。

しかも、学校あるいはクラスが荒れてすさんでくると、先生までもがおかしな感覚になってきて、生徒をけなす、悪く言う、バカにする、つまり相手の嫌がることをやり始めてしまいます。「どうせダメな子たちなんだから何をしてもいいじゃないか」みたいになってしまうのです。そしてそれが日常的になり、「当たり前」になってしまう。それは防ぐべきです。

ただ、何でもかんでも良いことを言っていればいいわけではないということは、先述の通りです。悪いことをしている子がいたら叱ってほしい、もし自分が悪いことをしてしまったら叱ってほしい、その「当たり前」を実現させていくのです。

生徒から見た先生

学校（特に荒れている学校）では、先生が激しく生徒を叱ったり、それに反抗して生徒が言い返したりして、言い争いになることがあります。

ある時、そのような場面に遭遇したことがありました。何とか周りの先生たちも入っておさまった後、言い争っていたのとは別の子が、言い争っていた先生のところに行き、「僕は先生の言っていることが正しいと思って聞いていたよ」と耳打ちしていました。「先生、頑張ってな」、と。

生徒同士は基本的には「仲間」なので、先生と生徒が言い争ったら生徒の味方であることが多いでしょう。ただそうは言っても、生徒は一人ひとり、自分で判断をしているものなので、常に何でもいいから生徒の味方というわけではないのです。その先生のことがきらいだったら、わざわざそんなことは言わないのでしょうが、普段からのその先生との関係で、その先生のことが好きだから言ってあげていたのだと思います。

例えば、こんなことがあります。

とある事件が起こります。……たしかに起こったはずなのですが、具体的な真実は先生たちの誰にもわからない。でも被害はある。誰がやっているかが全くわからない。

このような解決不可能に思えた事件も、ある生徒がある先生に「先生にだけ教えてあげる」「誰にも言わんでな」と真相を教えてくれることがあります。そうなると事件は解決に向かい、これ以上の被害を防ぐことができます。これは本当に助かります。もし被害者が生徒だった場合は、その生徒を救うことにもなります。これは本当に助かります。解決できたのは、まさにその教えてくれた子のおかげなのですが、その子とその先生の普段からの良い関係がなければ解決に向かわなかったのです。

そして不思議なことに、このような解決例は同じ先生に繰り返し起きます。つまり、また同じように解決しにくい事件が起こると、前回と同じ先生のところに、事件の真相を教えに来てくれる生徒が現れるのです。言いやすさもあると思います。信頼もされている。つまり、

言いつけたことを他の子にバラさないだろうという信頼もあるのです。

また、同じように解決困難なことが起こったときに、最初は誰も言ってきてくれなくても、生徒に協力を仰ぐと味方になってくれる生徒がたくさん現れることもあるでしょう。「先生が困ってるみたいだから力になってあげよう」と思うのかもしれません。当然ですが、その先生のことが好きでないと積極的に助けようとは思わない。逆にきらいな先生なら「知ってても絶対に教えてあげない」と思われるのが関の山です。もしそれが自分自身でなかったとしても、このような先生が学年にいるのなら、困ったときに「誰か知りませんか？」とその先生に聞くといいと思います。

同じ学年に生徒に人気の先生がいるとほんとうに助かります。私も人気のある先生に助けてもらったことが何度もあります。こうした未解決の事件が減ると、生徒たちからの私たち教師への信頼も上がっていくので、みんなが助かるのです。

このように学校では、**先生は教える人で生徒は教えられる人、という役割しかないわけではなく、お互いにいろいろな役割やいろいろな関係で成り立っています。**生徒からすると、先生は尊敬できる人であることもあれば、反面教師になることもあるでしょう。親しみを感じる先生もいれば近寄り難い先生もいる。その子によっても違うし、先生によっても全く違いがありますが、いずれであっても、信頼されているかどうかで分けたとき、生徒から信頼されている先生は、得をすることが多いのです。そしてその得が、巡り巡って生徒の利益になっていきます。

いじめを起こさないために

動機は「先生に好かれたい」「先生にきらわれたくない」であっても、「先生に申し訳ないから」でも、何でもいいと思います。何にせよ、生徒がよくなっていってくれたら、担任の先生は助かるし、クラスの生徒たちも良い環境で過ごせることになるのでメリットとなります。クラスのみんながいい人になれば、いじめもなくなります。新たないじめも起こらない。起こりかけても誰かが「いじめは止めよう」と言い出すし、みんながそれに賛同する。それは生徒にとって安全以外の何物でもありません。

良い集団、良いクラスでは、不思議なくらい正当な発言が出ます。また、その正当な発言が通るのです。そして**正当な意見が主導権を握ります**。

信頼は諸刃の剣

いじめの発生に関しては、次のような例もあります。

先生も人間なので、生徒の言動が気に入らないことがあるかもしれません。しかも、同じ生徒が何度も先生を怒らせることを言い、先生は何度も叱る。そして徐々にその生徒のことがきらいになっていきます。

そのとき、周りで見ている大多数の生徒たちの反応は、おもに2通りです。先生を支持するか、その先生にきらわれている生徒を支持するか。それは先生が生徒たちに好かれているかどうか、怖い先生かどうか、尊敬できる先生か、その生徒がみんなに好かれているかどうかなどで違いが出ます。そして、みんながどちらを支持するかによっても、その子の扱われ方が変わってくるのです。

みんながその子を支持する場合は、みんなが先生に反抗するようになります。表立って反抗できないような場合には、無反応なクラスになっていくでしょう（無反応という形の反抗ともいえます）。

逆にみんなが先生を支持した場合、その子は「きらわれてもかまわない子」として扱われてしまう。これは恐ろしいことです。そうなるとその子は、みんなに責められるようになり、ひどいときはいじめに発展します。そうした状況では、（本来あってはならないことですが）「あの子にも問題がある」という言われ方をすることもありえます。

ひとたび信頼を得ると、その先生の影響力は絶大です。迂闊なことをすると生徒たちの人間関係に悪い影響を与えてしまい、集団を悪い方向に導いてしまうことになるので注意が必要です。

クラス全体への指導

クラス全体の雰囲気が悪かったり、クラスの大多数が関係した問題が起こったりしたときは、クラス全体を指導する必要があります。クラスのみんなを叱ることもあります。そのときは、関係した子に限らず全員に反省を促す場合が多いでしょう。

「これはクラスの問題だ」「知っていて止めなかったのも悪い」「先生に知らせることもでき

たはずだ」と伝えることが多いです。いじめなどの重大事案のときは「そのようなことが起こったこと自体、この集団をつくってきた全員に責任がある」と伝えたりもします。

ただ、このクラス全体を指導するということはとても難しいのです。「でも先生、」と誰かが反論して「その子の言ってることの方が正しい」「一理ある」ということになると、集団は不公正を是認したままになってしまいます。クラス全体で不公正な空気を正すときこそ、「先生の言うことが絶対に正しい」「一切の間違いがない」という雰囲気をつくってからでなければなりません。

例えば、クラスの誰かが嫌がらせを受けているとします。何人もが加担していて、その子の持ち物がなくなったり壊れた状態で発見されたりするなどが頻発します。そういうことが起こったとき、つまりいじめが発生したとき、当事者はもちろん叱りますが、クラス全体に対しても指導が必要です。クラス全体を指導しなければ、また形を変えていじめが起こるからです。そのようなときのクラス全体への指導では、間違っても「いじめられても仕方がない」という話にもっていかれてはならないわけです。その倫理自体の立て直しが必要です。

生徒たちは「先生が真面目な話をしている」「真剣に話をしている」と感じ取ります。そのようなときに、生徒たちみんなが「先生の言うことを聞こう」「素直に聞いて反省しよう」と思うか、「そんなこと言うけど先生だって」とか「あいつも悪い」などと思うかでは、指導の結果が全く違ってくるのは想像に難くありません。「自分もたしかに悪いけど先生に腹が立つから、むしろ素直に反省したくない」と思われる状況が既にできてしまっているなら、いくら真剣な空気で「ダメだろ」と言ったところで、指導が全くうまくいかないのです。

そのときには、先生の言っていることが理路整然かどうか、理にかなっているかどうかは正直あまり関係がありません。もちろん、無茶苦茶なことや、根性論でおしつぶせと言っているのでもありません。ただ、理屈だけで動くほど簡単でもないと言いたいのです。

このような重大な事案のときにも、先生と生徒たちとの関係が重要であり、信頼が積みあがったときには、集団の倫理や「当たり前」を立て直しやすくもなるのです（そもそも崩れにくくもなります）。

みんなで幸せになる

　さて、いじめが起こらない土壌をつくることができる先生は、もちろんいい先生です。いい先生であるだけでなく、人気もあるでしょう。「私はいじめは許しません」という態度を貫く先生、いじめを訴える生徒がいたらきちんと聞いて、きちんと対応してくれる先生であることが重要です。

　でも、「いじめは許しません」といくら言っても、そもそもいじめに気がつかないようでは意味がないのではないかと思います。生徒からすると「いじめを許している」のと何ら変わりはないのですから。そして、逆にいじめの土壌を自分でつくる先生は最低と言わざるを得ません。

　そして、いじめに気がついた生徒が「悪いことはダメ」と自信をもって言える集団、そしてみんなが悪いことを改めようとする集団、良いことをしていこうとする集団、そんなクラスにいる生徒は幸せだと思います。

こうした循環のもと、学級に関わるみんながしあわせになっていくことは、先生と生徒のためだけではありません。**保護者も安心します。**そもそも、保護者は学校の内実がなかなか見えません。中学生ぐらいの年齢の子は特に、学校や友達のことを家で話さなくなっていきますし、中学校に対する先入観があれば、なおさら保護者は子どもの学校生活が不安でしょう。

そんなとき、子どもに「学校はどう?」「楽しい?」「先生はどう?」と聞いたとします。返ってくる返事が「楽しい」とか「大丈夫」であってほしいのは当然の親心です。そして、**「先生のことは好き」という言葉を聞くと、保護者は先生を信頼できます。**生徒が学校のことを、どのように話をしているかは詳しくわかりませんが、懇談などで保護者に「この子は先生のことが大好きなんです」などと言われることもあります。そのようなときの保護者の話ぶりを聞いていると、こちらを信頼してくれていて、安心していていることが伝わってきます。

保護者が子どもに「学校でいじめとかないの?」と聞いたときに、もし「大丈夫」「そんな子は先生が許さないから」と子どもが答えたりすれば、保護者は安心して、先生に対する信頼が大きくなっていきます。

油断ならない存在になる

「『先生』といってもたかが知れている」と生徒が感じたら、その先生はやりにくくて仕方ないはずです。つまり、生徒になめられているという状況です。バカにされている可能性もあります。

若い先生ほど生徒になめられやすいかもしれません。それは本質的にはその先生のせいではないのですが、そうなると生徒は言うことを聞かなくなります。さらにその先生のことが気に入らなければ、わざと逆らうようになります。そして先生に逆らうことを日常化させてしまうと、その生徒はしたいことが何でも通るので楽しくなります。

そういう状態にもっていきたいと思った生徒は、先生に挑戦してきます。そして一つずつ勝ちを重ねていこうとする。「勝つ」というのは取っ組み合いをするような勝負ではなく、ただの「良い」か「悪い」かのやり取りのことです。

例えば「先生これやっていいですか」と生徒が言います。そして先生が「ダメです」と言うと、生徒は「でも他のクラスはやってますよ」と言ってきます。先生が「ならいいです」と言う。……これで生徒の勝ちです。これを繰り返していくと、いつの間にか生徒の方が先生より立場が強くなり、あらゆる決定を生徒がするようになってしまいます。そのうち「先生いいですか」とも聞かなくなり、断りもなく行動するようになります。もし先生に「ダメじゃない」と指摘されても、「これこれこういう理由でいいと思ったんですけど」という言い訳を用意していれば問題ないわけです。こうして一部の生徒がクラスのことを思い通りに決めていく構図ができあがります。

そうした状況になった際、一部の生徒がクラスを思い通りに牛耳っていくことを、すべての生徒が望んでいるわけでは当然ありません。**むしろ真面目でおとなしい生徒は、「先生、もっとしっかりして」と思っています**。そうでないと、自分勝手で横暴な生徒がクラスのことを決めていき、自分たちまで嫌な思いをすることになるからです。

例えばある特定の生徒やグループが自分勝手に席を決めたら、自分たちは逆によくない席に座らされる。たまたまでも今回限りでもなく、いつもそうなるのです。自分たちは前の方に座らされて、教室の後ろで授業中にうるさくされたら授業にも集中できない。自分勝手な子に好き放題されるのは、他の子にとっても迷惑なことなのです。

「ああ言えばこう言う」生徒の対応はたしかに難しいですが、先生も「ああ言えばこう言」って対応することもできます。例えば「先生はそうやってすぐに他の先生に相談するが、自分一人では決められないのか、情けない」と挑発してきたら、きちんと「学校の問題だから、先生一人では決められないのは当たり前です」と返せばいいです。「他の先生に相談すること に不都合でもあるのか」と逆に問いただしてもよいでしょう。先生に「頼みごと」をしているのではなくて「思い通りに」したくて言っているのか、と。そうなると生徒もドキッとして、「ならいいです」と引き下がることになります。

その子もその子で、常に勝手なことをしたいわけではなく、みんなにとって過ごしやすい学級のなかで楽しく生活する方法を見出すこともあります。「ああ言えばこう言う」ばかりだった生徒が「ああ言えばこう言」わなくなって、楽しく生活している姿は、学校ではよく見かけます。

ここでの肝は、ただ「先生には敵わない」と思わせるのではなく、「先生は油断ならない」

と思わせることです。普通にしていれば優しく対応してくれるけれど、自分勝手なことを言って先生に挑んでいったら、手痛い返り討ちに合う。そう思っていたら、先生に逆らって挑戦していこうとはしなくなります。

他にも、「先生は自分たちのことを何でも知っている」と思わせるなど、「先生は油断ならない」と感じさせる方法はたくさんあります。そうなれば、その後の指導はやりやすくなりますし、良い集団をつくっていけるので、多くの生徒の支持を得ることができます。

こんなふうに、「先生は油断ならない」と印象づけるだけでなく、素晴らしい人だと思ってもらうためにできることもあります。例えば、授業で何か疑問を感じたとき先生が見事に解決してくれた。道徳の教材を読んで何か感じ取ったけど上手に説明できないと思っていたら先生がサポートしてくれた。掃除や給食の準備を怠けていたら、先生が「こんなことではいけないな」と思える話をしてくれた。文化祭や体育会の準備をしていて困ったことが起きて、どうしようかと戸惑っているとき、先生が一生懸命に考えて解決してくれた……。彼らが頑張っていることに対して、何か彼らだけでは乗り越えられない壁にぶつかったときに、サポートすることです。

いろいろな場面が想定されますが、そんなにすごいことではなく、**普通の生活をしている中で、子どもの発想ではとても困難なことを、一つずつ大人の力で手助けしてきちんと解決していけば、それが信頼につながる**のだろうと思っています。

「ハズレ」「当たり」に一喜一憂しない

毎年クラス替えがあります。様子を見ていると、生徒は何週間も前から気になってしょうがないといった感じです。そして発表の当日はドキドキしながら登校し、発表を見て一喜一憂する。

私の勤務する学校では、時間がきたら大きな紙を一斉に貼り出して発表します。自分のクラスと出席番号を確認したら、書類を受け取って帰宅するというだけのことなのですが、なかなか人だかりが消えません。各クラス五十音順の出席番号が並んでいるので、自分の名前を見つけるだけなら数分もあればいいはずなのに、何十分も紙の前から動かない生徒がいます。いつまでも動かない生徒を見ていると、自分と同じクラスの生徒が誰なのか、仲の良い友達は何組で誰と同じクラスなのか、誰は担任が何先生で生徒は誰々で…とすべてを把握しようとしているようなのです。

生徒の様子を見ていると、やはり同じクラスに仲の良い子がいるかどうかが重要なようです。そして同じレベルで関心があるのは好きな子や仲の良い異性がいるかどうか。クラスを盛り上げてくれる人がいるかどうかも重要でしょう。担任の先生が誰なのかは三番目くらいの関心事のように見えます。

しかし、重要度は低くても好ききらいは当然あるわけです。今年は何々先生だった、「あ～あ」と。何とも失礼な話ですが、先生に関しては「当たり」とか「ハズレ」とかの言われ方で、家庭でも話題になります。教師はその類の話題を避けることが多いですが、内心では気にしている人は多い。もちろん「当たり」と言われたいし、最初からわかってはいても「ハズレ」などと言われるのは悲しいものです。

しかし、ここで言う「当たり」とか「ハズレ」というのが、まさに先生の人気、ひいては信頼度を示しているものなのです。繰り返し確認しますが、人気がある先生が「いい先生」「素晴らしい先生」とは限りません。ただ、人気がある先生は確かに存在し、そのような先生は多くの生徒、保護者に「当たり」と言われ、一年間を良い状態でスタートさせることができるのも事実です。

新しいクラスで一年間が始まります。生徒は担任の先生に何を期待しているのでしょうか。おそらくその「期待していること」を実現してくれる先生が「当たり」で、期待に全く答えてくれない先生が「ハズレ」です。

生徒が新しい担任の先生に一番期待していること、それは間違いなく**「良いクラスをつくってくれること」**でしょう。

生徒は先生に友達のようになってもらうことを求めてはいません。先生は「大人」で、友達でもなければ恋人でもないのです。毎日優しく声を掛けてほしいわけでもないし、ずっとそばにいてほしいわけでもありません。先生には、まず「良いクラス」をつくってもらいたいと思っているのです。他は少々ダメでも「良いクラス」をつくってくれる先生は間違いなく「当たり」です。

なぜなら生徒たちは、今までに何度もクラスが良くなったり悪くなったり、去年より良かったり悪かったりを経験してきているからです。良いときは毎日が楽しく、学校に行くのが楽しみになります。悪いときは学校に行きたくないはずです。行っても悪い子が好き勝手なことをして、自分は目立たないようにひっそりと、毎日毎日ビクビクしながら生活をするのですから。クラスが良いか悪いかとはそういうことなのです。

行事で盛り上がり一体感を感じて、一年間の終わりにはクラスが解体することが悲しいと思えるクラスと、一人ずついじめられていくクラス、その子を助けても「次は自分がやられるのでは」と不安になるクラスとでは、その差は歴然としています。生徒や保護者に「ハズレ」と言われて落ち込んでいる場合ではありません。今年こそはと奮起して「良いクラスをつくってやるぞ」ととにかく頑張ればいいのです。

先日、保護者と話をしているときにこう言われました。「好かれる先生には必ず理由がある。そのことをよく考えて、いい先生になろうとしてください」と。心にズシッと響く言葉でした。

第2章

きらわれないためのアクション

信頼関係を築ける教師とは

生徒は先生を尊敬したいと思っています。言い換えれば、身近な大人として立派な人であってほしい。そう思うのは自然です。**子どもみたいに怒ったり、理解できない理由で怒ったり、よく聞きもしないで決めつけたりする大人を尊敬することはできません。**むしろ嫌悪感をもつことさえあるでしょう。

生徒たちを前にして、指示を出したり話をしたり褒めたり叱ったりしていると、（それが的を射たものであれば）少しずつ信頼を得ることができますが、逆にちょっとしたことで簡単に軽蔑されることもあります。仮に軽蔑まではされない「まだまし」な先生にはなれても、そこから信頼を積み重ねていくのにはまた別の努力が必要です。尊敬されるような人気者の先生になるには、どのようなことを心がけたり努力したりすればいいのでしょう。

第1章でもお伝えしたように、生徒は先生を見て毎日のように評価をしています。「あの先生はいい」「あの先生はダメ」「あの先生は好き」「あの先生はきらい」と先生たちの比較もしている（そういった視線に心当たりのある先生もいらっしゃるかもしれません）。

少なくとも一つ言えるのは、生徒のために頑張ろうということを心掛け、「自分のしていることは生徒のためになっているか」「生徒のことを誤解をしてはいないか」「生徒のことをきちんと理解しようとしているか」と、注意深く毎日を送ることができればよいのだと思います。

私が生徒によく言うのは次のことです。「100メートルを10秒で走れと言われたら、これはできる人とできない人がいます。でも、掃除をきちんとするとか、言葉遣いをきちんとするとかは、誰にでもできることです」「心掛け次第で誰にでもできるはずだ」と。本当はそこが難しいのですが、生徒には納得してもらいやすいです。そして私は生徒に言いながら、本当は同時に自分自身にも言い聞かせています。心掛けを良くするのは難しいこと、しかし不可能ではない。誰にでもできることなのだ、と。

私もまだまだなのですが、心掛け次第で魅力的な人間になれると信じています。少なくとも「学校の先生として魅力的な人」は心掛け次第でなれるし、誰にでもなれると信じています。

子どもは善悪を理解している

私たちはみんな、「自分はこんな先生になりたい」という理想の先生像をもっています。「生徒から人気のある先生になりたい」というのもその一つと言っていいでしょう。「生徒が親しみやすいと感じる先生」になりたい。「生徒にどんどん関わっていく先生」になりたい。「悪い子を改心させる先生」になりたい。いろいろな先生像が考えられます。少し昔ならテレビドラマの影響もあったかもしれません。「理想の先生像」が「いい先生像」とぴったり重なるのであれば、それに近づこうと努力をすることは間違いではないし、いいことでもあります。しかし、この理想像がかえって邪魔をして、生徒からの信頼を損ねる結果にもなり得ます。**「理想の先生像」を全面に出していると、「先生は自分（先生自身）のために先生をしている」と思われてしまう**のです。

これにどう対処すればよいかは簡単な話です。**「自分がどのような先生になりたいか」ではなく、「生徒はどのような先生を望んでいるか」あるいは「どのような先生であることが生徒のためになるか」という基準に従って行動すればいい**のです。

生徒から信頼される先生になろうとするのであれば、「自分は生徒にとってどのような先生であるべきか」ということを常に意識するべきであって、自分がどうしたいかを最優先にするのではないのです。常に生徒のことを考えて「どのように対応すれば生徒が安心するか」とか「どのようなことをさせれば生徒は成長するか」という発想をもちます。「どのように言えば自分がなりたかった先生に近づくか」を考えるのではないのです。

先生という立場は、そんなに格好の良いものではないと考えています。テレビドラマのように、「あの先生だけは自分のことをわかってくれる」「あの先生だけは自分を色眼鏡で見なかった」と言われるような先生は、実際にはあまりいません（先生方もご存じの通りです）。悪い子を演じている生徒が「大人はみんな自分をワルだと決めつける」と言ってひねくれて、そんな大人たちのせいでさらに悪くなっていくなどといったドラマみたいな場面は、実際の学校にはほぼ存在しません。

ワルをやっている子どもたちは、自分が悪いときちんと認識しています。叱られたら反発はするが「本当はいい子なのにわかってもらえない」と思っていたりはしない。当然「完全に悪い子」だとは思っていませんし、「よい人」であることもあるし、「優しい面がある」「本当は優しい人だ」とわかってもらいたいとも思っている。しかし、悪いことをしているときに「自分は本当は立派な人間だ」などとは思っていないでしょう。つまりあのようなドラマチックなBGMとともに、公衆の面前でタバコを吸いながら「本当の自分をわかってくれる人がいない」などとは思っていないということでです。

そういったワルをやっている生徒は、**時には「なぜ自分は困っているか」を言語化するのも難しいような状況で、助けてくれる大人を待っている**のです。あるいはただただ関心をもってもらいたいだけかもしれません。声を掛けてもらいたいのは確かです。「今のこの道はダメで、目指すべき正しい方向はこっちだ」と教え導いてくれる先生を望んでいます。あるいは叱ってもらいたいと思っているかもしれません。**悪いことをしてアピールしているのに「いいよ、いいよ」「君はいい子だよ」と言われたのでは、その人のことを信頼できなくなっていきます**。

先生という仕事は、意外に地味な仕事で、「良いことは良い」「悪いことは悪い」と言い続けながら、あたりまえのことを丁寧に生徒に教え続けるしかないのです。

生徒に媚びる先生

生徒に媚びる先生はダメです。中学生という年齢の子どもたちにもいろいろいて、おとなしい子から活発な子、いろいろなことが自分だけではできない子もいれば、大人のように自立できている子もいます。謙虚な子もいますが、逆にものすごく偉そうにする子もいるでしょう。他の子に偉そうにして、先生にも偉そうにして、先生の言うことを聞かなかったり反抗したり、批判したりする子もいます。

そんな子に対して、正直に言えば、関係がギスギスしてくることは避けたいと思います。ダメなことをダメだと言ったり、行動を注意したりすればその可能性が上がるので特に避けたくなります。その子が表立って反抗しだして、他の子がその子になびいてしまい、そこから生徒対先生の構図になってしまい、もしも生徒側に軍配が上がるようなことにでもなれば……。

その子がクラスの実質的な支配者となり、こちらの言うことを誰も聞かなくなるかもしれない。中学生は十代前半のまだまだ子どもですが、学級、学校という集団のなかでは当然、無力ではありません。

でも、そんな不安があるときこそ、その子の機嫌を取ろうとしてやけに褒めたり、必要以上にあてにするようなことを言ったり、役割を与えてわざと活躍させたり、何かある度にわざわざその子に意向を聞いたりするのは控えた方がよいでしょう。気持ちはわかります。でも、あまりにも露骨だと生徒にバカにされるのです。「先生はしっかりしていない」という図式です。「どっちが先生かわからない」と思われる可能性もあります。情けないだけならいいのですが、その他の生徒から信頼を失ってしまいかねないのが問題です。

もちろんその子がとてもしっかりしていて、頼りになる子だったら、協力してくれることもたくさんあるでしょう。そういうケースも現にあります。しかし、そうではない場合、頼ったりあてにしたりして、つまりあえて媚びるような態度を取ったら、他の子の不安が大きくなったり、信頼がなくなったりするのです。

先生、特に担任の先生は、クラスのことに関して、決定権を生徒に譲ってはいけません。勝手に主導権を取ろうとする子には、はっきりと「勝手に決めてはいけない」「決めるのは先生だ」と伝える必要があります。それは、ただなめられるとかバカにされるということだけではなくて、責任は大人がとるという表明でもあるのです。

こうすることで、この先生はしっかりしていて頼りになると生徒たちは思い、「そんな先生でいてほしい」と生徒が思うような先生でいることができます。そういった期待に答えるのはとても大事なことです。

偉そうに振る舞う生徒がいたら、他の子は争いを避けるためにその子に黙って従うことが多いでしょう。しかし、その子の言うことを「良し」として黙っているとは限りません。本当はイヤなんだけどそうとは言えず、黙って従っていることも往々にしてあります。そのような場合、**その子の言うことに全部従ってしまう先生と、駄目なときにはちゃんと止めてくれる先生とでは、周りの生徒にとってどちらがいい先生かは明白**です。

そして誠実さは外せません。生徒に対して誠実に対応する。生徒のために丁寧に対応する。生徒のためを思って行動する。そのように心掛けて生活することで、生徒との信頼関係が少しずつ築かれていきます。

演技ではなく、行動だけではなく、フリでもなく、心から誠実にしようと心掛けるのです。心から思っていたら必ずそれが相手に伝わるし、思っていないのにフリだけしていたらそれも必ず相手に伝わります。特に相手が子どもの場合には、敏感に感じ取られます。時間が掛かるかもしれませんが、それが大事な方法の一つです。

誠実さとは

生徒と先生の関係をいろいろ見ていると、生徒が突っかかっていく先生と、突っかかっていかない先生がいることに気がつきます。

先生を怒らせるようなことを言う生徒はどこにでもいます（きっとこれをお読みの先生の周りにも）。私はよく言われる側の先生です。若い頃は特に多かったです。生徒に喧嘩を売られてきました。私も腹が立って言い返し、言い合いに勝つことが日々の目的のようになっていたときもありました。正直に言えば、どのように言って生徒を言い負かしてやろうかとばかり考えていました。

しかしふと周りを見ると、中には全然生徒から喧嘩を売られない先生がいることに気がつきました（当然と言えば当然なのですが）。どのような先生がそうなのかはとてもわかりやすかったです。一言でいうと意地悪でない人。そういう先生は、喧嘩以外の方法で生徒と関係を築いていました。

徹底して意地悪さを出さない先生がいます。意地悪なことをしたりもしません。こういう、徹底して意地悪でない先生には、生徒も喧嘩を吹っ掛けたり、悪口を言ったりするのがやりにくいのです。大人もそうですが、**「いい人」に意地悪をするのはやりにくい**です。気が引けるものです。ところが意地悪な人にはお互い様のような気がするので平気で喧嘩を売ることができる。そういう理屈なのです。

そのことに気づいて私も実際、ある頃から、意地悪な気持ちを捨てて（本来はもとからそうあるべきですが）、生徒に徹底して優しい気持ちで接することにしたら、生徒からも優しい反応が返ってくるようになりました。元々が意地悪な性格なので、時々カチンときてしまうこともあるですが、以前と比べると、生徒に喧嘩を売られる頻度がぐっと減ったのは事実です。

教師としての個性とは何か

　個性は大切です。でも、教師という職業をみると、個性を発揮するよりももっと大事なことがいくつかあります。生徒にとっては、生徒のことをきちんと理解しようとする先生、一生懸命に生徒のことを守ろうとする先生、信頼できる先生であることが、好きになる先生の絶対条件です。それは当たり前にできてほしいことであり、これらができた上でどのような先生になればいいかを考えていけばいいと思います。

　ということであれば、真面目なだけよりは、個性的で面白い先生の方がいいかもしれませんし、何か変わっている先生、妙に目を惹く先生、話をしていると引き込まれる先生、何となく柔らかい先生、いつもピリッと緊張感のある先生などもありえるでしょう。それが「良い個性」であるならば、個性はあるに越したことはありません。

個性を磨き、個性を発揮できるようになれば、さらに生徒と関係を築きやすくなります。引き込まれるような話ができたり、「自分も頑張ろう」という気にさせることができる人もいて、それは教職では生かしやすい個性です。その先生がいてくれるだけでなぜか生徒が安心感をもつという先生もいます。厳しくて口が悪い先生だがなぜか憎めない先生も個性を感じます。素晴らしい歌唱指導ができる先生、行事で全校生徒の気持ちを一つにまとめることができる勢いのある先生もいます。「良い個性」をもっている先生、つまりその個性自体はたくさんあるのです。

生徒のことを正しく理解しようと努力すること、集団の中ですべての生徒を守ってやろうと努力すること、生徒に信頼される先生になろうと努力すること。これらはいずれも個性を発揮するより大事なことであり、生徒たちが求めていることでもあります。教師が生徒を理解しようとせず、守ろうともしていないのに、「自分がどんな先生になりたいか」ばかり気にしているようでは本末転倒かもしれません。

自分を犠牲にしろという一辺倒な話ではなくて、**プロとして生徒のニーズを優先する人でなければならない**ということです。生徒の最低限の要求に応えた上で、そして生徒からの信頼を得ることができた上でこそ、その個性の真価が生まれるのではないでしょうか。

生徒は子ども、先生は大人

コミュニケーションとしての「生意気」

おそらく全国的な現象ですが、中学校では生徒が非常に生意気（に感じられることが多い）です。もちろん素直な子や気持ちの優しい子、性格の良い子、言葉が上品な子など、いい子もたくさんいます。しかし、それらいい子の存在をかき消すかの如く、とても反抗的な生徒がいるのも事実です。

教師あるいは大人がどんなことを言われたら腹を立てるかをよく知っていて、わざと腹の立つことを言う子もいます。その時に生徒の発言に腹を立てて言い返した場合、生徒を傷つけることになる。そこが問題です。

私も相当な数、生徒に腹の立つことを言われ、言い返し、頭を下げて謝罪してきました。「生徒はなぜ、先生に対して腹が立つようなことを言うのだろうか？　思春期だからだろうか。精神的に幼いからだろうか。それとも、ただただ性格が悪いからなのだろうか」いろいろと理由を考えてみたこともありますが、一概には決まらないような気がします。ここでは、この思春期のあいだに考えられる二つの場合を整理していきます。

①日常のイライラからくる

考えられる原因の一つとして、うまくいかないことや悩み事、人間関係などが原因のイライラなど、子どもならではの思い通りにならない苦しみがあるからではないかと思います。好きな人に告白したらフラれた、友達と些細なことでケンカをしたが誤解されたままでいるのが辛い、部活動では自分より下手な子にレギュラーの座を奪われたと、思い通りにならないことはたくさんあります。しかもそれが、日々を過ごす集団（環境）に大きな影響を及ぼすように感じられるのです。そんなときに、どうでもいいことで親に叱られたり先生に小言を言われたりすると、思わず反抗したくなるのもわからないではありません。

対応

そのような子どもたちがいる中で、私たち教師は、どのような態度で子どもたちに接していけばいいのでしょうか。

「こっちだって人間だ」「我慢にも限度がある」「腹が立つから言い返してやれ」と思うのはわかります。でも、感情的になって言い返したり、腹立ちまぎれに言い合いになったりすると、言い合いになっている本人以外の子も含め、大勢の生徒たちはどんな目で見ているでしょうか。**ほとんどの生徒は冷ややかな目で見ている**と私は思います。「先生は挑発に乗って言い返したりして大人げない」という視線です。間違ってもカッコいいと思って見ている生徒はいないはず。

それは、たとえ口論に勝ったとしても、です。言い負かしたりでもすれば、その生徒との間に禍根が生まれます。そして、周りの生徒たちも言い負かされた生徒がかわいそうに感じられるので、その先生のみんなからの信頼は下がっていく。

生徒はなんだかんだいっても子どもです。そして先生は大人です。この唯一絶対の線引きを忘れないことが大切です。子どもの挑発に簡単に乗るのではなく、大人として寛大な態度で聞いてあげ、冷静な対応をしてあげるべきです。憎まれ口をたたく生徒に対して、優しく答えてあげることのできる先生を、生徒たちは尊敬します。腹が立ったときにぐっとこらえるのは大変ですが、その見返りが大きいということを知っていても損はありません。

②自信のなさからくる

特に自信のない子は、誰かに相手をしてもらっていないと不安になることがあります。自分の存在を他の人に認めてもらいたいからなのか、あるいは自分の存在を他の人に認めてもらっていることを常に確認したいからなのか、いつもいつも人にちょっかいを出しては反応を確かめています。

それが友達相手なのか先生相手なのかの違いはあるかもしれませんが、常に誰かに相手をしてもらわないと落ち着かない。そういう子は**特に、人に無視されることを極端に嫌う傾向がある**と思います。あるいは無視されるのが怖いのかもしれません。そういう子には、「人と生きていくには良い関係を築いていかなければならない」ということを教えてあげる必要があります。

ある意味、その子のしていることは、自分が望むのとは逆の方向に向かう行為です。自分の存在を人に認めてもらいたいがために、人に相手をしてもらおうと思ってちょっかいを出す。そして相手がその行動を嫌がり、逆に自分から離れていってしまっている。そのことを教えてあげなければなりません。

そのことを教えていくのは、当然、時間がかかります。人に相手をしてもらいたくてちょっかいを出す子の多くは、それまでの生育環境で何らかの困りや不足を抱えていたり、他人に対して極度に支配欲が強かったりするなど、既に人間関係的に難しい状態にあるからです。

そして同時に、人に相手をしてもらいたくて人にちょっかいを出す生徒に対しては、本音で言えばイラッとくることが多いのも事実です。相手にしてもらいたいがために、相手がより強く反応するようなことを仕掛けてくるからです。つまり、人の嫌がることをします。人の嫌がることをして、相手が強く反応してくれることで安心感を得ている。

そういう子に対しては、先生も常に平常心で対応することは難しいかもしれません。でも、その「イラッ」をそのまま出して大人気なく反論したり強く叱ったりすることは許されませんし、生徒の挑発に乗ってしまうと、本人からも、そして周りの生徒からも信頼が失われていきます。

対応

　ではどうするか。ちょっかいを出してくる生徒は、不安な気持ちがあって、人に相手をしてもらいたくて人の嫌がることをしているのだからと思い、**むしろ積極的に相手をしてあげればいい**と私は思います。その子が何か仕掛けてくるより前に、逆にこちらから声を掛けてあげるなど、**「あなたの存在を意識しているよ」「あなたの存在を大事にしているよ」というアピールをしてあげる**。それをしばらく続けると、その子は「この先生は自分を常に意識してくれる」「自分の存在を認めてくれている」と感じて、ちょっかいを掛ける必要がなくなってきます。そのような方法で、嫌なことをしてくる生徒と良い関係をつくっていくことができる先生がいます。そのような先生は、その生徒からだけではなく、他の生徒からの信頼も生まれていきます。

子どもを成長させるということ

「できない」のであって悪意ではない

先生たちみんなが、生徒のことをきちんと理解し、一生懸命に守ろうとし、信頼できる人になろうとする。そして先生たちが常に生徒のためになることは何かを考えてクラス、学年、学校を運営していく。そうすれば生徒からの信頼が得られ、先生たちの生徒からの人気も上がり、学校が「信頼される学校」になっていきます。実際にそのような想いで生徒に接している先生が多い学校は、雰囲気が良くなり、いい学校になっていくという傾向があります。

その逆に、先生たちがバラバラな方向や間違った方向に目標をもち、バラバラなことや間違ったことに努力をしている学校は、信頼がなかなか勝ち取れず、徐々にすさんだ学校になっていきます。これもまた、明らかな傾向があります。

では、生徒のことをきちんと理解して、一生懸命に守ろうとして、信頼できる人になろうとして、そして先生が常に生徒のためになることを考えてクラス、学年、学校を運営していけば、必ず先生たちの人気が上がり、学校が「信頼される学校」になるかというと、そんなに簡単でもありません。

先生たちが常に生徒のことを考えて、先生としての役割をきちんと果たそうと努力すれば、生徒たちに気持ちが通じ、信頼関係も確実なものとなっていくのは間違いありません。しかしそのような考えや行動を徹底していくのは、きわめて難しい。

基本的には生徒のためを思って日々の生活を送るとしても、毎日毎日を生徒たちと良い関係で接することができるとは限りません。感じの良い接し方をこちらがすれば生徒の方からも感じの良い反応が必ず返ってくるかというと、そうとは限らないわけです。むしろこちらが感じよく接しても感じの悪い反応しか返ってこないことが多いと思っておいた方がいいかもしれません。中学校とはそういうところです。

一生懸命に相手のことを思って声をかけている分、悪い反応が返ってくるのはつらいし腹も立ちます。腹が立てば、こちらもついつい悪い対応をしてしまいそうになります。本当にそれをしてしまえばお互い様で、悪口の言い合い、けなし合い、罵倒し合いが始まります。「そんなならもういい」「お前のことなんかもう知らない」となってしまうのです。そして生徒との関係が壊れ、せっかく辛抱してつくってきた関係が無駄になってしまう。そして人気どころではなくなり、生徒にきらわれ、嫌な気持ちで生活する日々が始まっていきます。

　そうならないためにも、繰り返しですが、生徒に接する心掛けとして、生徒は子ども、先生は大人、だから大人としての対応をしようと徹しなければなりません。生徒がいくら挑発してきても、「私は大人だから」と思い、生徒と同じレベルの接し方をしないようにする。「生徒は子どもだからあんな言い方をするのだ」「本気で言っていると思って対応してはいけない」と思い、腹を立てるのをやめればいいのです。体の不自由なお年寄りがシャキシャキ動くことができないのと同じように、小さい子どもは小さい子どもなりのことしかできない。良識ある大人なら、腹を立てたりせずに理解して待つことができるはずです。

　中学生はコミュニケーションがまだまだ苦手で、適切な言い方を知らないことも多いのだから、嫌な言い方をするのは仕方がない。**むしろそのコミュニケーションの方策をきちんと教え、徐々に言い方を覚えていく時間**なのです。彼らは発展途上で、逆に言えば今がその学ぶときなのです。「卒業する頃までには感じの良い言い方を覚えてもらえたらいい」ぐらいに思っていてちょうどいいと思います（そしてこの心の余白をもつために、働き方改革は急務なのだと思っています）。

一人では無理

また、自分がそう思っていて、生徒と良い関係をつくろうとしていても、職場の先生方全員が同じ考え方をしているとは限りません。むしろバラバラな想いで仕事をしていることの方が多いでしょう。それぞれの考えもあります。大事にしたいことも違います。

自分が評価されることを重視する人もいるし、仕事よりも「プライベートのことを大事にするぞ」と割り切っている人もいます（ここでは善し悪しのことを言っているのではありません）。考え方にも違いがあり、常に優しく丁寧に生徒に接することが正しいと思っている人もいれば、生徒には常に厳しく接しなければならないと思っている人もいます。中には生徒のことはどうでもよくて、自分の仕事や自分の評価にしか興味がない人もいるでしょう。いろいろな人がいる中で、自分一人で生徒からの人気を上げていき、信頼関係を築いて、良い学校にしていこうというのはほぼ不可能です。

まずは自分の行動を示します。どうすれば人気のある先生になるか、どうすれば生徒から慕われ、信頼される先生になるかを示すのです。そして徐々に広げていく（詳しくは第3章で伝えます）。「このように言いましょう」「このような接し方をしましょう」という方法を広げていきます。

賛同してくれる人は必ずいます。うまくいけばその方法が広がっていくこともあるかもしれません。そして転勤を繰り返しながら、自分の信頼を確実に積み重ねつつ「信頼される良い学校」を増やしていきます。多くの先生が賛同してくれて、同じ気持ちの先生が増えてくると、現在のような、学校が変に批判されて、先生の仕事がやりにくい世の中も、少しずつ解消されるかもしれないと私は小さくて大きな希望を描いています。結局はまず一人から始めるのです。そして、先生も生徒も満足するような「良い世の中」に少しずつでも近づいていくことが将来的にあるかもしれない、と信じています。

秩序の崩れに慣れない

中学校で生活をしていると、当たり前のことがわからなくなることがあります。中学校の先生をしている人は気をつけなければならないと思います。生徒も良い心掛けをもてていて、落ち着いた学校生活を送ることができる環境であればよいのですが、中学校はときどきその逆の状態になることがあります。ひどいときは心を失ってしまいそうなほど教師が追い詰められてしまいます。

生徒からは、毎日毎日「あっちへ行け」「来るな」「汚い」「臭い」「死ね」と言われる。一日に何度も言われる。賢い子には口論をけしかけられて、言葉巧みに罵られる。そんな風にして、足元をすくわれそうになることもあります。先生は生徒に決して言わない（言えない）ですが、生徒は先生に人格を否定するようなことを言うこともあります。それも、こともなげに（見えることも）。時には人権を否定するような言葉もあります。過去には、保護者に、もっと逃れがたい方法で人格を否定されることもありました。

最初のうちは「子どもの言うことだからあまり気にしないようにしよう」と思っていても、毎日毎日繰り返し言われ、いろいろな立場の人に（時には同僚や上司にも）さまざまな方法で責められると、そのうち「自分って何の価値もない、生きていても仕方のない人間なのだろうか」という気になってきます。相手が子どもであっても、いや子どもだからこそ、その言葉の威力は強大です。さらに精神的に弱ってくると、普段は思いもしないような気弱なことを考えてしまいます。

もちろん多くの生徒や保護者はそんなことはないのですが、さまざまな要因でこうしたやりとりが発生してしまうこともゼロではありません。でも、そのような事態にならないように、どのような生徒や保護者とも良い関係を築くように最大限の努力をする。これも、教師の大事な務めと言えます。ある意味、最も必要とされる危機管理能力と言えるかもしれません。

学校をこのようなところにしてはいけないのですが、実際にこのようになっている学校は存在します。そして若い先生に限らず、初めてそのような学校に赴任した先生は、生徒たちの言動に驚きます。驚きながらも「そんなことを言ってはダメだよ」と諭します。諭しながらも少しずつその状態に慣れていき、慣れていきながら少しずつ気が弱っていく。そして気がつかないうちに心が元には戻りづらくなってしまいます。

そうならないように、「生徒が先生を口汚く罵り続ける状態は正常ではない」と自分に言い聞かせます。もちろん生徒に合わせて先生が生徒を罵ったり、傷つけるようなことを言ったりするのもいけないことです。

家庭でも学校でも同じことですが、一緒に生活している人とは、助け合って支え合って生きていきます。誰かが困っているときは声を掛けて手を差し伸べる。お互いに、困っているときやつらいときは助け合って生きていくのが社会です。悩んでいたら話を聞いてあげる。自分には何かできないものかと一生懸命に親身になって考えてあげる。人には、言われてうれしい言葉を掛けるようにして、言われて辛い言葉や腹の立つ言葉は言わないように心掛ける。

これが当たり前に正しいことです。少なくとも先生の側は、これが正しいということを決して忘れてはいけません（それがご自身のためにもなります）。

それを忘れてしまって、自分も他者を傷つける人の仲間入りをしてしまったら、生徒にきらわれてしまいます。どういう環境にあっても、人を思いやる心や、当たり前に正しいことは何なのかという感覚を失ってはいけないのです。生徒に何を言われようが、保護者に人格を否定されようが、**自分は生徒たちに対して「人として正しい接し方をするぞ」と強く思い続ける**。それは決して、泣き寝入りしたりすべてを抱え込むことではないのです。対応する方法、伝え方はたくさんあります。ただ、自分がそうされたのと同じ方法で報復するのは教師の職務の範囲にない、という線引きなのです。

そうすれば、例えすさんだ環境の中にあっても、生徒たちには必ず気持ちが伝わり、生徒たちに慕われるようになります。むしろ心がすさんでいる人たちが多い中で「心の安らぎを与えてくれる人」「心の拠り所になる人」になれたら、生徒からの人気と信頼を得ることにもつながります。

「きちんとしたい」

関わる集団を良いクラス、良い学年、良い学校にしていき、良い心掛けの生徒たちを育てるには、日々の活動をみんなできちんとしなければなりません。掃除や給食準備、係や当番の仕事を、みんながきちんとする。やる人とやらない人がいるのではなく、みんなでする。しない人は叱られる。叱られた人は反省をしてきちんとする。できないことがあれば、協力して解決していく。その基準が示され、実行されることを、生徒は望んでいます。そういう集団をつくろうとする必要があります。

もちろん先生の目を盗んで上手にサボろうとする子は必ずいるし、みんながその子を敵対視しているわけでもないのです。ただ生徒から見た先生は、サボろうとする子をきちんと叱る人であってほしいし、ちゃんとさせる人であってほしいと思っています。少なくともそうしようと努力はしてほしいし、把握はしていてほしいと思っています。「他の子がサボっていても、あなたはいつもきちんとしてくれるね」「ありがとう」と言ってくれるだけでもいいかもしれません。

そしてさらに先生には「朝の会や帰りの会、掃除や当番の仕事をきちんとすることの大切さを教えてもらいたい」と生徒は思っていると感じます。いや、思っているというよりは**「きちんとすることの大切さ」を教えてくれる先生に好感をもつ**、という方が正しいかもしれません。やっぱりきちんとしようとすることが正解だったんだ、と確認もできます。

中学校では生徒が徐々にだらしなくなっていきやすいです。学年が上がるにつれて「返事をしない」「挨拶もしない」生徒たちになってくることもあるでしょう。掃除や当番の仕事をサボるのも、入学したての子には少ないが卒業前の子には多いのが現実です。

かつて、授業に入れなくなって、授業中ずっと廊下や下駄箱でひとりで座っていた生徒が卒業に際して「先生に無理矢理にでも教室に入れてほしかった」と言ったことがありました。「教室に入りなさい」と何度言われても頑として拒否していた子がそんなことを言うのは何とも不思議ではありますが、気持ちはわかります。本当は教室に入って授業を受けたかったのです。

小学生の、特に低学年の頃は、教室に入って「はい、はい」と挙手をして楽しくみんなと過ごしていた子が、中学校では教室に入ることすらできなくなったというのは、本人にしてはとても寂しいことなのです。**誰でも、本当はきちんとしたい**のです。

当然、そのために適切な環境調整や合理的配慮が必要です。でも逆に言えば、それさえあればみんなと一緒に学べる可能性があるのに、「ただ入れない」状況だけでいるのは苦痛だし、まだ若干14〜15歳の子が、そんなときにどうしてほしいかをわかっていることは少ないのです。きちんとすることの大切さを教えてくれて、必要な配慮のもとにきちんとさせてくれる先生、諦めずに粘り強く声を掛けてくれる先生のことを、生徒たちは好きになります。

必要なことを、必要な分だけ

人を育てるということは、言うまでもなく難しい営みです。育てる側の思いが逆効果に働くことがあります。思いが強くて冷静な行動がとれないからでしょうか。これはなかなか皮肉なものです。

例えば、教科の指導をしているとき、「あんなことも教えたい、こんなことも教えたい、いろんな力を付けさせたい」という思いが強すぎて、たくさん教えすぎると、生徒が消化不良を起こすことがあります（私にも身に覚えがあります）。先生の熱意が裏目に出るのです。生徒は課題をたくさん出されすぎ、やりきれなくなって嫌になります。生徒に与える課題の量は適切でなくてはなりません。

宿題も、たくさん出せば出すほど生徒が頑張るとは限らないし、優秀になるとも限りません。**むしろ宿題の量が多いのは、生徒のやる気を阻害する要因の一つです。**「あんなことも教えたい、こんなことも教えたい」と思っても、全部をさせるのではなく、むしろいくつかの内容は捨てて、量を少なくするぐらいの方がいいでしょう。また教える内容も、「あれも教えたい、これも教えたい」でいくと、生徒は与えられることに慣れてしまって、自ら学ぼうとすることをやめてしまうことがあります。どちらかというと、先生は全部は教えずに、その先を知りたいと思わせ、自発的な興味を引き出す方が、教え方としてはうまいやり方でしょう。どの程度まで教えて、どの程度で止めておくかを計画的に決めていくことが重要です。

これは教科の学習内容だけではなく、学級経営でも同じことが言えます。「生徒にあんなこともしてあげたい、こんなこともしてあげたい」と、あまりにも多くのことを与えてしまうと、生徒が自主性を失ってしまいます。少しぐらいは自分たちで考える余地を残しておいた方がいいのです。たとえ先生がするよりも効率が悪くても、です。また、先生があまりにもすべてをしてあげすぎると、「生徒が自分たちでしたかったこと」を取り上げてしまうことになるからです。

声掛けも同じです。必要な声掛けをおろそかにすることはできませんが、毎日毎日しなくてもいい声掛けを繰り返すと、生徒の方も「少し放っておいてほしい」と思うようになります。声掛けは、掛けてほしいと思う子に掛けて、そうでない子にはあまりしないほうがいいです。先生の中には、積極的に生徒に関わりたいからという理由でどんどん生徒に声掛けをしていく人がいますが、**自分がしたいかどうかではなく、必要があるかどうかで判断すべき**です。先生の自己満足を基準にすると、かえって道を見誤ります。

掲示物も通信も同様で、**「したいからする」のではなく、「必要だからする」**と考える方が状況にあった内容や量にできます。「したいだけ、どんどんする」のではなく、「必要なだけする」「必要な量をする」と考えた方が、うまくいきます。

やりたいだけやってしまうのは、読む側、見る側の存在を忘れてしまっているということです。掲示物も生徒にさせた方がいいこともあるでしょう。それと同じで、通信もどんどん配ったために雑に扱われたのでは意味がありません。少なくても丁寧につくることで、大事に扱ってもらう方がいいでしょう。それらのことがわかっていてもなかなかできないときは、気持ちが入りすぎたときかもしれません。それを自覚できれば、ほとんど解決したも同然です。そこからじっくり考えて、量や内容を吟味しながら取り組んでいけます。生徒のことが好きで、先生という仕事が好きということは、教師の素質として大事なことです。でも行き過ぎると良くないことは、知っていて損はないと思います。

最大の効果を見きわめる

学校では実は、このような逆説的な現象は多くの場面で見られます。親切にすればするほど気持ちが通じなくなったり、口うるさく言えば言うほど生徒は動かなくなったり、「うるさい黙れ」と言えば言うほど騒がしくなったり。たくさんの手立てをすればするほど自分で考えなくなったり。

極論で言えば、教師という仕事をしている人は、これらすべてのことを計画的に行うべきであると私は思っています。どれだけのことをすれば生徒が最大限の成長をするか。どれだけのことをすれば自主性が損なわれないか。どれだけのことをすれば自分で考える習慣が身に付くか。どれだけのことをすれば自発的な習慣が身に付くか。勝手なようにも思えるかもしれませんが、**生徒からすると、何もせずに放っておかれるのも嫌だけど、いつもいつも近づきすぎられるのも嫌**なのです。そしてそれは、当然の感情です。

一連のことは、部活動でもよく起こります。特に勝敗に影響が出るようなことなど、先生が熱くなりすぎて、乱暴な言動があったり、それが頻繁になったりすると、生徒は先生のことがきらいになっていきます。部活動では、生徒は自分で選んで自分の好きなことをしているので、それを支えてくれる顧問の先生とも親しくなりやすいでしょう。また、一生懸命に面倒を見てくれる先生に対して感謝の気持ちをもちやすいものです。つまり、やり方によっては生徒との良い関係をつくりやすいはずなのです。それなのに先生のやり方に不満が出ると、一気に関係が悪くなってしまう。

部活動で生徒との関係がうまくいかない人は、やる気がなさすぎる先生と熱心すぎる人の両方に多いのではないかと考えています。無論、熱心なのは素晴らしいことですが、生徒がどの程度受け取れるかは別の尺度で考えなければなりません。

生徒の頑張り所を奪わない

先生の仕事はたくさんあります。クラスの担任をすることと授業をすることだけではありません。道徳や総合的な学習の計画、校外行事、部活動の指導、講演会の準備、◯◯教育、◯◯学習、◯◯教室、給食、清掃……何か物が壊れたらその修理も先生の仕事です。学年末にはペンキを塗ったり床にワックスをかけたり、壁の穴を埋めたり、落書きを削ったり、机や下駄箱の掃除、名前や番号を書いたシールの貼り替え、そして新しいクラスの編成をしてクラスの準備をします。書類の作成と教育委員会その他への提出。パソコンやタブレットの管理、時間割の作成。備品の管理も先生たちの仕事だし、かつて台風が来て洪水になったときは、先生たちみんなで大量のヘドロを処理して消毒したりもしました。研究に力を入れたい校長先生が赴任して来られたらさらに仕事が増えます（本業なのに…）。そして忙しい中での隙間の時間はすべて会議で埋められていきます。まだまだありますが、上手に分担したら、一部の人に負担が偏らないようにもできます。

このような状況なので、このどれかに興味をもった先生がその仕事に一生懸命になるのは理解できます。生徒指導とか特別活動とか、頑張ったら良い評価もされるので、さらに頑張りたくなります。でも、クラスや授業をおろそかにするのはやりすぎだとも思います。やっぱり授業とクラスのことを一番に頑張るべきだと私は思っています。生徒との信頼関係を築く上でも「生徒のためにすること」を最優先しなければなりません。

とりわけ学級経営は重要です。一つひとつのクラスがどうなるかによって、学年や学校がどうなっていくかが決まるし、学校が「悪い学校」になっていくと、みんなにとってよくないことになります。学校は、とにかく担任の先生たちが「良いクラスをつくろう」「クラスを良くしよう」と思って一生懸命に学級経営をすることがとても重要です。そして学年の先生たちや学校全体で一つひとつのクラスを支えていくのです。これが学校に課された最も重要な使命だと思っています。それをおろそかにして他の仕事に執心するのは、教師として疑問符がつきます。

学級経営では、子どもにさせること、させないことの加減が大事です。子どもに決めさせること、決めさせないことの線引きも大事です。「あの先生は全部自分で決める」と思われたらやりづらいですが、生徒に決めさせてはいけない内容もあります。そうした内容は、先生として決定権を死守しなければなりません。その分、生徒が決めてもいいことは極力生徒に決めさせます。生徒も「任せてもらえた」と感じられ、責任感も生まれます。

クラスの中で誰かがしないといけないことも、極力生徒たちにしてもらいます。「生徒が面倒くさがるから自分でやっちゃいました」という状況は容易に想像できますが、そうしたことほど生徒に任せてみることは大切です。生徒を「お客さん扱い」してしまうと、自分たちのことでも責任感がもてず、「何でもしてもらえる」と思ってしまいます。「自分たちで何とかしよう」という気持ちが下がってしまうと、「当たり前の秩序」が崩れていくのです。

トラブルの度に「先生、なんとかしてください」と言っていたのでは、彼らの成長はどこで見られるのでしょうか。**喧嘩もいじめも、先生も解決に向けて頑張るけれど、生徒たちにも「みんなで解決しよう」という気がなければ解決は難しい**のと同じです。生徒たちの自覚があるということは、絶対にはずせません。

生徒を尊重するとはどういうことか

いつでも生徒の言う通り、ではない

主導権を取ろうとする子に「勝手に決めてはいけないよ」「決めるのは先生だよ」と先生が言うと、いかにもワンマンで自分勝手な先生のように見えるかもしれませんが、それは違うと言わせてください。意見やアイデアは生徒から十分に聞けばいいでしょう。でも、ある一定の事柄については、最終的に決定するのは先生でなければならないと私は考えます。

もっと正確に言うと、学校内で決めることを決定できるのはすべて校長先生です。ただ、クラスで決めることまで校長先生に相談するわけではなく、クラス内での決めごとは、校長先生に相談するまでもなく担任の先生や学年の先生で決めていけばいいでしょう。つまり決定権を校長先生から一任されているという形です。その決めるべき内容を、すべて生徒に決定させていてはいけないのです。

もちろん意見は聞くし尊重もすればいいでしょう。「先生、そろそろ席替えをしてもらいたいのですが」と生徒が言って、先生が「そうだな」と答え、「ではいつ席替えをしましょう」となるのは何も問題もありません。あるいは状況によっては「まだです」となる場合もある。**いずれにしても、「意見は聞くし尊重もするけれど、これを決めるのは先生です」というメッセージを送っておく**必要があります。

意見をきちんと吸い上げるようにすれば問題ありません。そこを突っぱねて、生徒の意見を全く無視するようなことをすると、「先生は自分勝手だ」となります。それこそ、子どもの自主性も育ちません。例えばせっかく生徒が「席替えをしたい」と言っているのに全く耳を貸さずに、何ヶ月も席替えをしないでいたら、どうなるでしょうか。生徒は不満を募らせるでしょうし、先生を信頼しなくもなっていくでしょう。たとえ「今はダメ」と言うことはあっても、生徒にそのニーズがあることを知っていると伝えること、それをかなえようとすること（そして実際にかなえること）が大切なのです。

やり方は一つではない

生徒の意見を尊重するやり方は、先生によっていろいろでしょう。学級の中には、生徒を代表する、委員長とかクラス長という立場があります。つまりリーダーとしての役割を任された生徒のことです、その生徒の意見を上手に使う先生もいます。休み時間などに生徒が言ってくる何気ない意見や感想や文句を上手に吸い上げて、ニーズをひろう先生もいます。普段は「ダメだ」と突っぱねるばかりだけれど、生徒がこだわる大事な内容は生徒の主張をきちんと聞くというやり方の先生もいます。このように、ニーズを吸い上げたり実現したりする方法は無数にあり、そのどれかを自分なりに用いること、そして教師が決めるべきは教師の責任の基に決めること、その二点が大切なのです。

また、クラスの代表ではないけれどリーダー的な存在の生徒もいます。ボスのような生徒、昔風に言うとガキ大将のような生徒です。その生徒の意見を上手に扱うことも重要です。リーダー的な存在の生徒の意見は、公正・公平であるとは限りません。むしろ自分勝手でわがままなオーダーも多いでしょう。他の生徒が服従するからです。

そのような生徒は、担任の先生をも従わせようとします。何かと上手に文句をつけて、先生よりも優位な立場を確保して主導権を握り、クラスを掌握しようとするのです。

若い先生は特に、そのような主導権を握ろうとする生徒との戦いは骨が折れるかもしれません。でも、それで媚びたり負けたりしてはいけないのは、先ほど伝えた通りです。それは見栄やプライドの話ではなく、怖いことを怖いと言えなかったり、嫌なことを嫌と言えない環境は、だれのためにもならないからです。

私の経験では、そのように主導権を握ろうとする生徒は、最初は先生に対抗してくるのですが、対抗してもいいことがないと一旦悟ると、びっくりするくらいこちらに従ったり、慕ってきたりするようになります。おそらくリーダーになろうとしているぐらいの子は、自分以外の人がリーダーになったときに、どのような立ち位置に自分がなればいいかもよくわかっているのだと思います。

そのような生徒には、主導権は握らせなくても、上手に役割を与えるとしっかりとクラスに貢献してくれます。元々リーダーになれるくらいの生徒なのだから、多少のわがままはあったとしても、人をまとめる力があるのです。**他の生徒たちを良い方向に導いていくことを覚えたら、素晴らしく活躍してくれることも期待できます**。そしてそのようなリーダーの生徒ほど、きちんとリーダーをしてくれる先生が好きで、ご機嫌を取ってくるような先生のことは信頼しません。

今の「言いづらさ」が先の安定を生む

しかし、若い先生やあまり強く出るのは苦手な先生、そして（厳しいようですが）自覚の乏しい先生には、彼らとの丁丁発止が大変なことも理解できます。ただ、何かにつけてその生徒の顔色を窺い、意見を請い、おだて、機嫌を取るようになると、（繰り返しになりますが）クラスは悪い方へ向かうのです。自分勝手に振る舞ってしまう生徒がクラスを牛耳って、それに従うことしかできないおとなしい生徒は存在感を消し、授業をしていても誰も何も反応しない。それは先生にとっても、子どもたちにとってもひどくつらい毎日です。**教科であれ、人と生きていくことであれ、そこに学びは生まれません。**それを避けるためには、決めるべきことの軸を先生が手放さないこと、その中で彼らの意見や考え、ニーズを尊重することが大切なのです。

かくいう私自身、リーダータイプではありませんでした。教師になった最初はクラスのリーダーになることがとても難しかった。生まれつきのリーダーのような人のことを羨ましく思ったことは、数え切れません。

しかしこれは、向き不向きではなく、担任をする限りは、全員できなければいけないことであると私は痛感しています。クラスの生徒数十人を一年間預かる以上は、一部の生徒に好き勝手をさせて、つらい思いをする生徒を出さないようにするのは当然必要なことです。そして向き不向きがあるのなら、それを克服していく方法はさきほど示した通り、いくつか、いやたくさんあります。

リーダータイプだけが正義なわけでも、厳しく言うことがすべてでも正義でもありません。むしろ今の子どもたちは、大きいだけの声には従いません。だからこそ、「向いていない」と思う人ほど、そしてそうした人の丁丁発止のスキルほど、必要とされているのかもしれません。生徒は、多少しっかりしていなさそうでも、自分たちのことを思って一生懸命になってくれる先生に好感を待つし、それが信頼関係につながっていくこともたくさんあります。

「生徒のことが一番」を遂行する

伝えないと伝わらない

「生徒よりも自分が大事なんでしょ」

今までに生徒から言われてハッとした言葉がいくつかありますが、その中の一つがこれです。

「先生は結局のところ、生徒のことよりも自分の方が大事なんだな」

そのときの衝撃は今でも忘れられません。それまで頑張っていたこと、目指していたことが間違っていた、つまり頑張る方向が違っていたということに気づかされたのですから。

それまで、自分が他の先生にどのように評価されるか、どのように見られているか、もちろん生徒からもどのように評価されているかが気になって仕方がありませんでした。少しでも「いい先生」「立派な先生」「すごい先生」、そして「優秀な先生」「できる先生」に見られるようになりたかった。そして「人気のある先生」になりたかった。つまり生徒のことを軽視して、自分の評価を上げることばかりを考えていたのです。そして、それが逆に自分の評価を下げ、人気を落とす方向に向いていたということでもありました。

それ以来、どんなときでも「生徒のためになるには何をすればいいのか」「生徒が立派に成長するには何が必要か」「生徒のために何をしてやれるのか」を優先的に考えるようにしました。そうすることで、徐々にではありますが生徒たちに認められるようにもなってきました。生徒のために努力しようとする気持ちが通じていることも実感しています。

そして、生徒にそれを伝えようという努力もしました。「それ」とはつまり、「自分はたいしたことはできないが、先生としてもまだまだ未熟だが、君たちのために何かしてあげられることを一生懸命に頑張るつもりだ」「学校は生徒のためのものであって先生やその他の人のためのものではないのだ」ということです。そして「だから君たちは自分のことを頑張りなさい」「その助けのために先生たちは努力をします」とも伝えました。言葉にして伝えることがとても重要です。**誠実さも伝えようとしなければなかなか伝わらないし、それを伝えることが回り回って生徒の助けになることもある**のです。

例えば、教科の指導でたくさんの宿題を出すときもありますが、その目的は生徒一人ひとりの学力を付けることだと思って出します。部活動のトレーニングも同じです。自分が（先生が）生徒の良い結果に満足するのが目的ではなく、生徒に喜んでもらいたい、力を付けての目標を達成してほしいと思うのです。また、その想いを生徒に伝える。そうすれば、生徒が納得して苦しい課題やトレーニングに取り組めるということだけではなく、先生を信頼して先生についていこうと思う。そして先生に好感をもって、感謝の気持ちが生まれて、さらに信頼関係が深まるというサイクルになるのです。

本当に「生徒を大切にする」とはどういうことか

例えば宿題の点検も同様に生徒のことを思って対応をするようにするといいでしょう。宿題を忘れる生徒はいつも忘れてばかり。ようやく出しても雑で字も汚い。忘れたことを指摘すると言い訳をする。生徒のためを思って宿題を出しているこちら（先生の立場）からすると腹が立ちます。

でも、それは（先生が）自分の立場からしか見ていないから腹が立つのであって、自分の感情は後回しにして、生徒のことを考えたら、腹が立つよりは心配になります。「この子はこんなことで大丈夫かな。何か困っているのかな。なんとかして自分から宿題に取り組めるようになれないだろうか。そのために先生として何がしてあげられるかな」と。もしかしたら腹も立てずに心配をしてあげた方が、その子は宿題をしてくるようになるかもしれません。もちろん厳しく言うことも必要ですが、**腹を立てて言うのと、心配して言うのとでは、伝わり方がまったく違います**。

生徒の成長のために何ができるかを一生懸命に考えていくことが大切であり、それが目的でなければなりません。そして、そうすることで自然と生徒からの信頼も積みあがる。それが目的でなく、生徒のためを思って行動することで自然と積みあがるのが、生徒からの信頼なのだと実感しました。

生徒のためにと繰り返しましたが、「生徒のため」が指すことも、はっきりとさせておく必要があります。それは「生徒が喜ぶこと」をするのではなく、「生徒が楽しいと思うこと」をするのでもないのです。**「生徒が立派に成長するために」何かをする**ことなのです。生徒に媚びるのではなく、厳しく優しく生徒を導くことが「生徒のため」になることも当然あります。「生徒が喜ぶこと」でやる気が起きるという効果ももちろんあるので、過程として生徒が喜ぶことを計画するのはありえます。しかし、生徒のためになるということは、たいてい生徒自身にとってはしんどいことが多いので、「生徒のため」とはいっても生徒にとっては不満に感じることも多いでしょう。しかし、今はしんどくても将来的には自分のためになる、先生は自分たちのためを思ってしてくれているんだなということは必ず伝わります。

生徒が「授業をつぶして遊びたい」と言ったとして、当然いつでもそのようにはできません。そのときに、「いまそれをすることは、君たちのためにならないよね」と思いながら言うのか「そんなことをしたら自分がダメな先生と思われるから」と思いながら言うかには大きな違いがあります。言っている本人よりも、子どもたちの方が意外に敏感に感じ取るのです。

今出した例は些細なことですが、この先生は「自分のことを優先する人」か「生徒のことを優先する人」かを感じ取って先生を評価しています。むしろ評価する材料として「授業をつぶして遊びたい」と提案しているのではないかとさえ思えてくることもありました。

注意したい「生徒のため」

また、**「生徒のため」という言葉は、先生たちの間で、あまり良くない使われ方をすることもあるので注意が必要**です。「生徒のために頑張るのは当たり前」「生徒のために努力を惜しまない」といった言い方をされるときがそうです。

生徒のために頑張ることは先生として当たり前、生徒のために努力することも先生として当然です。しかし、例えば「自分を犠牲にして頑張りなさい」とか、「生徒のためになることなら先生は我慢するのは当たり前」といった感覚の先生は間違っていると私は思います。意欲があるのはいいことかもしれませんが、いかんせんバランスが悪い。自分のことも大事、生徒のことも大事、一緒に働いている先生たちのことも同じように大事、という感覚が教師には必要です。

人権感覚的にも「誰かを犠牲にしてもいい」という考え方は良くはありません。良くないのだけれども、「生徒のため」という言葉には不思議な威圧感があります。「生徒のために自分を犠牲にして頑張りなさい」ということを強要している人は結構います。先生としてというよりも大人として、社会人として間違っているとさえ言えるかもしれません。

また、やはりそのように「感覚的におかしい」ことをしている先生は、生徒から見ても「ちょっと変な先生」だと思われることがあります。生徒のために、自分や他の先生のことを犠牲にしてでも尽くそうとしている人ほどなぜか空回るというのは、身に覚えのある話でもあります。**皮肉なことに、むしろ「あなたたちのことは大事に思うけれど、自分を犠牲にしてまでもあなたたちに尽くすようなことはしません」と割り切っている先生の方が、信頼されているような**気がします。「生徒のことは大事だけど自分も含めて先生たちのことも当然大事です」という考えの方が、生徒には受け入れやすいようです。

「わかってくれる先生」になる

「良い」だけの子も「悪い」だけの子もいない

生徒に人気のある先生の条件として、かなり上位に来るのは、「先生は私のことをきちんとわかってくれる人」というものでしょう。大人もそうですが、**子どもは特に、誤解されることを嫌がります**。悪いことをしていないのに悪い子だと思われるのを極端に嫌がるし、彼らの「悪い子と思われたらどうしよう」という不安な気持ちもよくわかります。

わかってくれる先生かどうかは、簡単に言うと「良いことは褒めて悪いことは叱る」ということがきちんとできる先生のことです。

「生徒たちはみんないい子です」と言う方がいます。「悪い子なんかどこにもいません」とも言われます。でも、それは真実ではない気がしています。悪い子がいる、というよりは、正確には、悪いことを全くしない子はいないからです。

また、普段はいい子だけど、今この瞬間に悪い子になっているということは往々にあるでしょう。極悪人だと言っているのではなく、悪いことしかしない子というわけでもない。悪い面しかない生徒でもない。**みんな良い面と悪い面をもっているし、その比率やそれが出る状況が違うだけのこと**なのです。

みんな（私も、あなたも）悪い面をもっているし、その悪いところを「少しずつ改善していこうね」と言って良い方に導いていくのが教師だと思うのです。悪いところは、心を鬼にして「ダメです」と言わなければならないときもあります。悪いことをしている生徒に「いいよ、いいよ」「あなたはいい子」という態度で接していたら、本人も含め生徒たちみんなから「あの先生はダメだ」「何もわかってくれない」と感じるでしょう。

「ダメな子ほどかわいい」から始まる悲劇

ときどき、悪いことばかりする子を特に可愛がる先生がいます。問題行動の多い子は、確かに手がかかるし、手をかけていたら愛情が増えていく。可愛くなってくるのは理解できます。でも、生徒みんなの前で、みんなにわかるように特別に可愛がるのはよした方がよいです。

たしかに、生徒指導の困難な学校では、問題行動の多い子にはたくさん手をかけて愛情もたくさん注いでやらなければ心を開かない場合があります。辛抱することが難しく、たくさん手をかけなければ成果が出ないのも事実でしょう。誰かの助けが必要であるととらえ、必要な支援を講じる必要があります。

その中で、もちろん、「自分でできる子は自分でしなさい」「自分ではできない子は先生が手伝ってあげる」という方針はある種まっとうです。しかし気をつけなければいけないのは、生徒たちはみんな先生の行動をよく見ているということです。「先生は悪い子ばかりを可愛がるよね」という言葉をよく耳にします。これは、決して良い意味では言っていません。

悪いことをする子を可愛がってはいけないと言っているのではありません。問題はその方法です。**悪いことをする（した）子は、それでもやはり、したことを繰り返さないための指導（支援）が必要**なのです。悪いことは悪い。優しい言い方ではダメで脅すように厳しくとか、怖がらせるぐらい指導するとか、そういう「程度」の話をしているのではなく、他者と生きていくうえで必要なことを学んでもらう必要があるということです。

いまはそれができなかったり、本人なりに負担を感じていたりするので、きっとそれを実現するのは本人としても容易ではないのでしょう。その分、教師のサポートを必要としているとも言えます。その部分で成長を促すのが教師の仕事です。そのうえで、本人が頑張れたり成果を出せたりしたら褒めることもあるでしょうし、難しい局面では励ますこともあるでしょう。でも、その程度です。**他の子よりあえて可愛がる必要はない**のだと思います。

例えば、何かあるたびにやんちゃな子を取り上げて「またお前か」などと指導するのは、言うまでもなく逆効果です。その子との関係も悪くなります。でも、他の子から見て公平に思えないほどの可愛がり方をするのは、やはりよくないのです。

その子だけの目標に合わせる

悪いことにもいろいろあります。ものすごく悪いこともあれば、「ちょっとズルいな」くらいのこともあります。例えば、「人に暴力をふるって怪我をさせる」「授業の邪魔をする」「掃除をさぼる」「宿題を忘れてくる」だと、悪い度合いが全く違いますね。

生徒が認める「いい先生」は、悪いことほど厳しく指導します。逆に「よくない先生」は、ものすごく悪いことをする子には優しくしてぜんぜん叱らずに、真面目ないい子に対しては ちょっと悪かっただけで厳しく叱ってしまう。これでは**生徒たちは納得しないし、できません**。

では、きっちりと悪いことの度合いに合わせて厳しくするのが正しくていい先生かというと、それもまた真ではありません。真面目で行いの良い子には、その子なりの目標があり、その目標から外れるならば、それがたとえ少し悪い程度でも指導は必要なのです。つまり、盗みをしたり暴力をふるったり授業を邪魔している生徒がいる一方で、普段まじめな子が掃除をさぼったとか、宿題をさぼったというときには、その子に合わせて厳しく言うべきときもあるのです。

以上のことを合わせると、矛盾していることに気がつく人がいるはずです。悪い度合いに合わせるのか合わせないのかいったいどっちなのか、と。この矛盾を解消しないといけないところに先生の仕事の難しさがあると思います。

いつもいつも悪いことをする子ばかりを叱っていては叱られるばかりの子がイヤになる。でも、悪いことばかりする子をぜんぜん叱らなければ他の子が不満をもつ。叱ったり褒めたりしながら、トータルで「先生は悪いことをする子に厳しくて、良いことをしている子をしっかりと褒めてくれる」「生徒によって差をつけたりしない」と生徒が思ってくれたらそれがいいのだと思います。

一貫した言動の難しさ

「筋が通っていない」のは生徒にとって難しい

生徒の言動には、ある意味すべて理由があります。反抗的な態度や乱暴な言動にもすべて理由があると言っていいでしょう。しかし、私たち大人には理解が難しいこと、先生だからこそわからないということもあるでしょう。

時々ベテランの先生でも、生徒の言っていることが全く理解できない人がいます。「思い込み」をしてしまい、自分のつくり上げた筋道から離れることができなくなり、生徒がその「筋道」と違うことを言うと「全く理解できない」となるのです。しまいには「あの子は言葉が通じない」とまで言い出したりします。「はっきり言って言葉が通じていないのは先生の方ですよ」と言いたくなります。生徒は「先生、それ違います」と言いたくても、先生の言うことは聞かなければならないものなので、素直に先生の言うことに従います。納得ができずに反抗する子もいるが「あの子は言葉が通じない」となってしまうのです。

多くの「素直ないい子」は、従順に先生の言うことに従いますが、心の中では「先生の言っていることは筋が通っていない」と思っていることがあります。生徒にしてみれば、自分の言いたいことを客観的に見てくれて、きちんと理解してくれる先生の方がいいに決まっています。誰でも「はいはい、あなた変なこと言わないで」と一蹴されるのは好まないでしょう。ここでまた「生徒のことをわかってあげることができる先生」と「わかってあげることができない先生」の違いになります。**しかも、「わかってあげることができない先生」は大抵「わかってあげようともしない先生」**なのです。生徒からの信頼のなさは推して知るべしです。そうならないためにも、先生は生徒が何を言っているのかだけでなく、生徒の考えていることを読み取ろうとしなければならないのです。

相手は子どもなので、気持ちの変化を隠して話し続けることは容易ではありません。生徒の気持ちの変化を読み取ってあげて、真実を見抜いてあげることが、生徒を理解することにつながっていきます。時には生徒を疑わなければならない。嘘にも気づいてあげなければならない。その子のためにも、他の子のためにも、真実を見抜こうとする努力は続けていきたいと思っています。

生徒に機会を見つけて話をしてあげることも必要です。「学校というところは生徒が学んで生徒が成長することを目指すところだ」「先生はそれを助ける役割である」「先生は自分のためにではなく生徒のためになることをしています」と。その心構えを伝えると生徒は安心します。相手は大人ではなく子どもです。「実践していれば言わなくても伝わるだろう」と考えるのは間違いでしょう（相手が大人であれ、明言することは大切です）。きちんと言葉で伝えなければ伝わらない。

子どもの反応が教えてくれる

そして言ったことをきちんと実践していくことも同様に大切です。もし実践ができていなければ、おそらく生徒が教えてくれます。「先生は自分の都合を優先している」と言ってくるのがその一つです。**生徒に指摘されたら、素直に反省して改める。そしてその反省を生徒に**

伝える。「先生が間違っていた」「改めて今後は気をつけるから許してほしい」と。それがきちんとできればむしろ生徒から信頼されるようになっていきます。

生徒からの信頼を得るためには、努力を続けなければなりません。嘘を言えば信頼されなくなります。しかし意図して嘘を言おうとしてなくても嘘を言っていると勘違いされることもあります。

自分では一貫して同じことを言っているつもりでも、以前言ったことと今言ったことが矛盾することもあります。間違って伝わることも思いのほか多いです。頑張っても一貫した指導が難しいのに、思いつきや瞬間的な判断で言葉を発する癖があると、なおのこと大変です。極端ですが、以前とは真逆のことを言うこともあります。しかもそれを何度も繰り返してしまう。生徒の立場になってみると、同じ先生なのに、以前言ってたことと真逆のことを言われて叱られたり責められたりしたのでは、たまったものではないでしょう。

生徒の言っていることをよく理解して、一貫したことを言わなければならないのです。同じ先生が、以前言ったのとは矛盾した基準で、それを説明することもなく押し付ければ、生徒は混乱します。それを防ぐためには、十分に状況を把握した上で、例えば矛盾にどういう背景があるかを説明したり、話をしてあげたりしなければなりません。予想外の質問があっても、その質問に同じ基準で答えなければならないのです。

そう考えると先生は大変です。生徒に説明する内容は多種多様だし、しかも中学校段階なら情報量も多い。学校内のすべてを把握することなど不可能だし、生徒からの質問すべてに瞬時に的確に答えることなど不可能です。ただ言葉尻だけをそろえるのではなく、どうしてそういう指導をするのかというポリシーに矛盾がないように心がけています。

生徒から信頼されるには、もちろん最初に挙げた「生徒のために」という心構えが必要です。そして「嘘を言わない」「騙さない」ということも大事です。そして意外と大事なのが、生徒の反応をよく見ることです。

意図せず矛盾したことを言ってしまうのは、人間なら誰しもあり得ることだし、意図せずにではあるけれど結果的に相手を騙すようなことになることもありえます。そういうときは、相手が必ず変な反応をしてくれます。子どもならなおさらです。つまり、**わかりやすい反応をしてくれる**のです。何なら直接言ってくれることも多い。「先生嘘つき」「前言ったことと違う」「ズルい」と生徒に言われたときに、きちんと状況を把握して、違っていることは訂正をするようにする。結果的に騙した形になったのであれば、素直に謝る。以前と変更があった場合はきちんとそのことを説明する。できるのは、そういった相手の気持ちを尊重したコミュニケーションを心掛けることだけなのです。

納得しやすい状況をつくる

「この人はどんな先生だろう?」

多くの子どもは、勉強がきらいで遊ぶのが好きです。そして、楽しいことが好きで、苦しいことがきらい。これは子どもに限ったことではないですが、子どもは大人と比べて人生経験が少ない分だけ、「苦しんで努力した後に喜びがある」とか、勉強などで「努力をして力を付けて、そのことが自分のためになる」といった実感は少ないのかもしれません。実感がないので、ただ単に苦しんで勉強をするより楽しく遊んだ方がいいし、「先のことを考えて今は辛抱して頑張るときだ」という発想もなかなか現実味がありません。

中学校でクラスの担任をしていると、「勉強より遊ぼう」という提案を子どもから受ける場面は多くあります。その提案を拒否して、苦しい「勉強」に子どもたちをもっていくことの難しさは、担任をしたことのある先生であればみな経験したことがあるはずです。

しかし、このような楽な方、楽しい方に、先生を説得してまでもっていこうとはするものの、どうせ反対されることもわかっているし、最初から無理な話をしているんだということもわかっている。そういう発達段階です。

子どもたちは半分遊びで提案をしているし、先生がどんな反応をするかを見たくて提案をしていたりもします。そのようなときに、「何をバカなことを言っているんだ」とあしらう、「気持ちはわかるけど勉強も大事だからね」と諭す、「また今度ね」とはぐらかす、「くだらないことを言うな」と怒り出すといったふうに、先生の反応もさまざまでしょう。その反応を見て、子どもたちは何をどう判断して、先生をどのように評価しているかを考える必要があります。

納得しやすい状況をつくる

私が今までに生徒の反応が良いと感じたものの一つは、何か面白いことを言って笑わせてごまかした後に誠実に話をする方法です。子どもは笑わせてもらえただけで十分に満足しますが、「先生、ごまかした」と思う子もいる。確かにごまかしたのはごまかしたのですが、最初から真面目な話し合いではなく、生徒と先生のとんち合戦のようなものなのです。

彼らは、先生がダメと言ったらダメなんだとは十分に承知しています。しかし、笑わせてごまかしただけであれば、少し誠意に欠けるところがあるのも事実。そこで少し真面目に「できるときには君たちの提案を聞こう。しかし今はダメだ。なぜならばこうこうだからである」と、生徒が「なるほど」と思える理由を伝えると納得もしやすいのです。

そこまで気の利いたことを言わないにしても、誠実に対応することで生徒からの信頼を得ることもできます。少なくとも、それがたとえくだらない提案だとしても、頭ごなしに叱るとか、子どもだと思ってバカにしたような言葉を返すようなことはするべきでないと私は思います。

また、先ほどの例は取るに足らないと思えるような提案ですが、ときには生徒が真面目に提案をしてくることもあります。

例えば「最近勉強ばかりで楽しくないし気持ちも疲れてきたから、何か面白いことをしたいな」などと提案をしてきた場合は、ちょっと気に留める必要があります。生徒の素直な気持ちが出たのですから、「何かその気持ちに答えることを考えないといけないな」と思いたいところです。また、そう思っていることを生徒に告げるだけでも効果があります。

相乗効果

指示が悪くて何をすればいいかわからない。何をすればいいかわからないから面白くない。面白くないから違う喜びを求めていたずらをするようになる。いたずらをすると叱られる。叱られるときも嫌な気持ちになるような叱られ方をする。ますます気持ちがすさんでいって、さらに悪いことをする。「また悪いことをした」と言われ「どうせ悪い子ですから」と開き直る。その態度が悪いのでまた叱られる。……この繰り返しでは、なかなか良い心掛けには向かいづらいでしょう。どこかで「良いことをして褒められる」場面が入ったりでもすれば、少しは気持ちも取り戻せるかもしれませんが、悪い方に向かい出すとそれも難しいでしょう。

逆に、何を頑張ればいいかがはっきりわかる。はっきりわかるからそのことを頑張る。頑張ると褒められる。ここで「頑張ったら褒められる」「認められる」「評価してもらえる」ということを学ぶ。そしてさらに頑張ろうと思う。頑張って達成感も味わって楽しくなる。「勉強が楽しい」「学校生活が楽しい」と感じている生徒が増えれば増えるほど集団が良くなる。そしてみんな頑張る。集団が良くなるとお互いに助け合ったり励まし合ったりできるようになる。感謝の気持ちもてるようになり、さらに集団が良くなっていく。……このようなサイクルをつくることができたら、その集団は先生の手を離れても、きっと良い方に向かう集団になっていく。

授業が楽しくなれば学校生活が楽しくなります。学校生活が楽しくなると精神的にも安定してきて、例えば「誰かをいじめてやろう」とか「先生の言うことに反論して楽しもう」といった発想もなくなり、自分の目標を達成するとか、自分の力を付けていくとか、助け合って頑張ろうといった発想が出てきます。

前提として、先生はそういう集団をつくるために、まず授業や学級での活動で何を頑張ればいいかをはっきりと示す必要があります。授業では「今日はこのことができるようになりましょう」「ここまでできるようになれば素晴らしいです」とはっきりと示すことによって、生徒は何をすればいいかがわかります。

何をすればいいかがわかれば、多くの子が「するべきこと」を頑張れるようになります。頑張った子には大いに良い評価をして、良い評価をすればさらに頑張るようになるし、他の子が褒められるのを見て「自分もああやって褒められよう」と思う子が増えていくのです。

授業以外でも、「これこれこのような行動は素晴らしいです」「こんなことをしている人がいましたが大変よろしい」と「良い行動」とは何かをきちんと伝えます。毎日の生活での良い行動を紹介するだけでもいいでしょう。生徒はその「基準」を理解し、先生が「良い」と評価してくれることをしようとする。そしてそのような子が増えていく。

このような集団にしていくには、先生による「仕掛け」が必要で、その「仕掛け」とは、「良い行動」とは何かを言い続けるだけでもよいのです。

そして、そうしていくためには、生徒たちをよく観察しなければなりません。よく見て「良い行動」を拾い集める。一度見かけて判断するのではなく、何日もかけて観察します。「良い行動を褒めたけれど、その子はたまたまで、いつもはもっと「良い行動」をしている子が他にいた」というのでは、正しい評価をしたことにならないからです。

毎日の生活でずっと観察し続けて、生徒は「先生は自分たちのことをよく見てくれている」と感じられるようになります。ここで失敗すると、逆に「先生はちゃんと見てくれていない」

のに「たまたま見かけた子をすごく褒めるダメな先生」ということになってしまいます。先生の前だけで「いい子」のフリをする生徒や、他の子を出し抜いて良い評価をしてもらおうとする生徒が出てくるようでは、逆に集団はすさみます。

生徒たちが、良い意味で競い合うように「良い行動」をするようになれば、集団づくりは成功していると言っていいでしょう。良い集団をつくってくれる先生は生徒にとって良い先生です。

助けてほしくないときを見極める

生徒の発案を実現させる

体育会や文化祭などの行事のときに、「競技は何をするか」「選手は誰にするか」「歌は何にするか」「劇にするか合唱にするか」など、クラスで決めていくときがあります。このケースは、先ほどの短絡的な提案とは全く違う話です。クラスで一丸となって、みんなで一生懸命に取り組む大事な行事のときに「先生がちゃんと聞いてくれない」では生徒はたまったものではないでしょう。

そのようなときにこそ、担任の先生は、生徒の意見を大事にして生徒の発案をどうしたら実現できるかを一生懸命に考え、生徒を助けながらしっかりと生徒の考えを尊重する姿勢を見せるべきです。**自分の考えはあまり主張せず、生徒の意見を実現させるべく知恵を絞るのが先生の役目**です。このようなときに、一生懸命に考えて、生徒と一緒に悩んで、生徒の考えをきちんと聞くことで、信頼を勝ち取ることができるのです。

行事を例に出しましたが、これと同じ営みは日々行われています。授業では、丁寧に教えてもらいたいときに丁寧に教えてくれる。じっくりと自分で考えたいときに時間を取ってくれる。話し合いをしたいときには話し合いの場面をしっかりと取ってくれる。しんどいときにはゆっくりと、元気なときにはどんどんと。授業一つとってみても、生徒の望んでいることは何なのかを察知して、学習の秩序をつくってくれる先生は、やっぱり生徒にとってはありがたいものなのではないかと思います。

クラスのことでも、厳しく言ってほしいこともあれば、うるさく言われたくないこともあります。子どものわがままではなく望んでいることとして受け入れる。生徒にも許せないことや大事にしたいことがあるので、その気持ちを汲むのが大切です。

背中を押してほしいとき、押してほしくないとき

例えば、友達のことで悩んでいる生徒に「先生から話をしてあげようか」と聞くと「今はいいです。自分で言いますから、先生には知っていておいてもらうだけで十分です」と言われることがあります。自分で解決したいとき、先生に望んでいるのは「見守っていてくれる」「いよいよ困ったら相談に乗ってくれる」ということであり、**むしろ口出しされることや助けてもらうことは望んでいません**。そんなときに話を勝手にどんどん進める先生は、生徒の望んでいることがわかっていないともいえます。

そこまで深刻でなくても、勉強をしていてわからないことが出てくることがあります。ちょっと考えたけどなかなか難しい。そういうときに、誰かが（先生が）すっと横に来てアドバイスをしてくれるとありがたいと感じるでしょう。しかしそうとばかりは限らず、逆に、時間がかかっても自力で解きたかった、という場合もあるかもしれません。そこの見極めは難しいのですが、少なくともどんどん声を掛けさえすればいいというわけではないということです。

「頑張れ、頑張れ」と言ってあげればいいときもあるし、「まあゆっくりやりなさい」と言ってあげるべきときもある。生徒の気持ちにそっと寄り添ってあげるのがいいときもあれば、積極的に介入していくべきときもある。その時その時の状況で、どうしてあげるのがその子にとって最善なのかを、常に考えながらか生徒に関わっていくべきで、「自分は生徒に積極的に関わるのが好きだから」という理由で何でもかんでも関わっていくことは、おすすめできません。

絶対してはいけないこと

無視はいちばんイヤ

子どもは無視されることを極端にイヤがります。無視されるのが怖いと感じている子も多いでしょう。だから、生徒同士のいじめで一番ひどいいじめをしようとする子は「みんなで無視しようぜ」という方法を使う。

その意味では、子どもたちは、大人が思っているよりはるかに、無視されることがイヤなのです。先生に厳しく叱られるのはむしろ大丈夫なこともあります。「もういいよ」「お前には言っても無駄だ」「もう知らない」などと言われるのがキツいのだと思います。

このような声掛けは、意外と学校でよく耳にします。そして生徒は傷ついたり反発したりして、先生と生徒との関係が悪くなります。

その後は、想像の通りです。生徒が反抗的になり、悪いことをするようになり、「やっぱりあの子はダメだ」となる。そして「あの子が悪くなったのは、あの子自身の問題か家庭の問題かのどちらかだ」ということになってしまうこともあるでしょう。そのような子は、厳しく叱られた生徒よりも、無視される、あきれられる、諦められる、見放されると感じるような指導をされた生徒に多いように感じられます。生徒との毎日のやり取りの中で、一言一言の発言すべてに注意を払うのは至難の業ですが、**少なくともその子の存在を否定するような発言は絶対にしない**ようにしましょう。

その子を無視するような発言をされたとき、つまりその子の存在を否定するような発言をされたとき、幼い子どもであれば、動揺したり、悲しんだり、反省したりするのでしょうが、中学生ぐらいの年齢の子は反発します。「あの先生に腹が立つ」ということになります。

腹が立った生徒は先生を挑発してきます。すべてわかっていてあえて仕掛けてくる子もいます。先生を引っ掛けて（騙して）揚げ足を取ろうとします。先生を試してくるのです。そういうときは、生徒の挑んでくる知恵比べに対して賢く対応します。うまく切り返し、ときには面白い話に変えてしまって、生徒がイヤなことを言う気もなくなるようにします。先生の対応次第では、生徒がうれしくなって張り切るようになる場合もあるほどです。

一方で、ムキになって生徒と言い合いをする先生は先述の通りで、信頼を得ることは難しいです。

そして、筋の通らない理屈で生徒を責めると、それもまた生徒からは信用されません。

先生に叱られる。「あなたが悪い」と言われる。しかしその理由がわからない。理由を聞いてみても、話の筋が通っていない。「それって叱られるようなことではないのではないか」と思う。反論しても話が通じない。……学校で「先生」というのはある種、絶対的な立場です。そこで、論理さえも思うままに作ってしまうなら、それは生徒には太刀打ちできません。

例えば生徒同士で喧嘩をした場合に、一人が泣いていて、もう一人が泣いていない状況で、それを見ただけで「泣かせた子の方が悪い」と決めつけたりしたらどうなるでしょう。何も悪いことをしていないのに、場合によってはむしろイヤなことをされた方なのに、「謝りなさい」などと言われるのです。一生懸命に釈明しても逆に叱られます。一方的に決めつけられて、どうすることもできない。これはあまりに酷な状況です。

だからこそ、先生の使う論理ができるだけ一貫され、彼らにとって明白でなくてはならないのです。

「決めつけ」が信頼をこわす

理屈に合わないことを言ったり、さらには、理屈に合わない理由で生徒を責めたりすると、信用失墜は決定的なものになります。生徒の方に責められる理由がないとき、そして先生が決めつけたような言い方で、さも「あなたがすべて悪いです」ということを生徒に言ったら、生徒はとても嫌な想いをします。

例えば、係か当番の役割の生徒が欠席していて、そのことに気がついたある生徒が、代わりをしてあげようと思って作業にあたっていたところ、先生に「遅い」と言われたので誤解を解こうと「休んでいる◯◯さんの代わりです」と言ったら「言い訳するな」とさらに叱られたといった場合などです。生徒にしてみれば善意でしていたことなのに、先生に誤解されて、先生に決めつけられて、理由もきちんと聞いてもらえず叱られるのです。それは誰でもイヤです。

もちろん生徒の方の勘違いや拡大解釈が原因のケースもあります。そのような場合は、先生はきちんと丁寧に説明してあげるべきであり、相手の言うことに聞く耳すらもたないというのは礼儀を欠いています。

常に「自分の思い込みではないだろうか」「決めつけていないだろうか」と検証し、「自分の言っていることはきちんと筋が通っているか」を確認して、生徒と接していこうとする努力が必要です。それを怠ると、真面目に一生懸命に生活している生徒、しっかりした生徒からも信頼を失ってしまうことになりかねません。

また、子どもが悪いことをしているのにそれを見抜けない大人もまた、信頼してもらえません。先生が悪いことを見抜けないでいると、ズルい人が得をする世の中になってしまうということを子どもたちはよく知っています。しかも、そうしていてズルい子にだけは慕われるかというと、そうでもないのです。悪いことを「ダメだ」と言ってくれない大人、良い方に導いてくれない大人はやはり信頼できないと、ズルい子もズルい子なりに思っています。

誰だって言われたら嫌な言葉

「お前は頭が悪い」とか「アホだ」「バカだ」と言われれば、嫌な気持ちになるのは当たり前ですが、そんなことを言う先生は今日もういないでしょう。

私が今まで生徒を見ていて「あ、今、嫌だと思ったな」という反応をした言葉は、例えば**「どうせ無理だろうけど」とか「お前たちにはこんなことを言っても無駄だろうけど」**といった言葉です。この「どうせ○○だろう」という言葉は人をバカにした言い方です。同じ内容でも「難しいけど、頑張れ」と言うのとでは、まったく違ってきます。上手な先生は「これができたらすごいのだけど」などと言うこともあります。

「そんなこともわからないのか」といった言葉も生徒は嫌がります。「このぐらいはわかってもいいはずだ」と言う方がマシです。「次からは同じ失敗をしないようにしなさい」もいいでしょう。

要するに「そんなことも解らないのか」と言うのは「あなたは頭が悪いですね」と言っているのと同じで、バカにされたと感じさせる言葉です。同様に「見ればわかるだろう」とか「ちょっと考えればわかることだ」といった言葉も少しバカにしています。つまり、**相手を低く見積もったり、「お前に期待などしていない」と伝えるメッセージ**なのです。まだまだ成長途中の生徒たちにこんな伝え方をして、いいことがあるでしょうか。同じことを言うにしても、相手に悪い感じを与えない表現はたくさんあります。


また、相手を見捨てる言い方も生徒は嫌がります。「もういい」「お前に言っても仕方がない」「お前なんかもう知らない」「救いようがない」「勝手にしろ」などです。どうせなら「お前にはとことん言ってやる」「言い続けてやる」「何度でも言ってやる」と言った方がいいでしょう。同じことを伝えるにしても、決してあなたを見捨てることはないという気持ちを込めた言い方のほうが、相手には良いように伝わります。反省もしやすく、聞き入れやすく、したがって同じことを繰り返すことも少なくなるのです。

「決して見捨てることはない」という気持ちが伝われば同時に愛情も伝わりますが、**相手を**

見捨てるような言い方をして愛情が伝わることはありません。

また、中学生で珍しくないのが、「面白くない」と言われることが何よりもきらいな子です。「お前は関係ない」と言われるのがきらいな子もいるでしょう。言われてイヤな言葉は子どもによって違うし、何気ない一言で「先生に言われて傷つきました」となることももちろんあります。「先生の言葉で傷ついて学校に行けません」という事態だってあるでしょう。もちろん先生の方は、子どもを追い詰めてやろうなどという悪意がないとしても、です。

ちょっとした言葉による誤解で、大変なことになる場合もあるのです。教師一人ひとりの言葉は、やはり生徒一人ひとりに大きく影響するのです（一見響いていないように思えても）。彼らをよく見て、その子に合わせて言葉を選び、そのとき必要としている言葉をかけ、誤解されそうな言葉は日頃から控えるようにしておきます。

そして少なくとも、自分の言った言葉一つひとつが、相手にどのような伝わり方をしたかということを、常に意識しながら話をします。「私は昔からこういう言い方しかできないんです」では通用しないのが先生という仕事です。また「こう言えば、こう受け止めるはず」という先入観も捨てて、常に話している相手の反応を読み取ろうと努力します。

「はい、わかりました」と言いながら納得していない表情をするかもしれない。ニコッと笑っているが目が笑っていないかもしれない。相手がどう受け止めたかは、言葉で確認するよりも表情を読み取る方が確実です。日頃から何かを言う度に、相手がどのように受け止めたかの反応に注目します。

生徒にきらわれるのは、その指導が伝わっていないから

瞬間的にきらわれることは誰にでもあります。しかし、それが長く続く先生と、長くは続かない先生がいます。

生徒がよく挙げるのは、例えば「いきなりキレる先生」や「キレた理由がわからない先生」です。つまり、さっきまでは普通に話をしていたのに、急に怒り出して、しかも「何を怒っているのかわからない」という先生のことです。子どもに限らず、理由のわからないことで激しく怒られるのは気分のいいことではないし、それが何度も繰り返されるとその人自身のことをきらいになってしまうのは当たり前でしょう。

その怒っている先生からすると、生徒が怒らせたから怒っているのであって「先生を怒らせるのは生徒が悪いからだ」と思っているのかもしれません。しかし、よく怒る先生だから

といって必ずきらわれるとは限らないのです。よく怒っている先生でも、生徒に人気のある先生はたくさんいます。

決定的に違う点は、繰り返しになりますが、生徒が怒られて納得しているか納得していないかでしょう。**先生が怒っていても、「自分たちが悪い」と生徒が思っていたら、それはある種で理にかなった状況です**。しかし「自分たちは悪くない」のに怒られたら納得できません。納得できないことが繰り返されると、先生のことは信用できません。

他にも、責めるような言い方や理屈っぽい言い方は嫌がられる傾向がある。責められることが多かったり、身に覚えのない内容で責められたり、しつこく責められたりするのは誰でも嫌です。

「勝ち」は解決につながらない

理屈っぽい言い方は、一見すると必要そうです。でも、理屈っぽさには、有無を言わせない強引さを感じてしまうことが多いです。「理屈では理解できても気持ちは納得していない」ということは特に子どもにはよくあることで、理屈っぽい言い方ではその「気持ち」の部分をどうすり合わせるかが難しい子もいるのです。

また、保護者と話すときも同じことが言えます。理詰めで相手を言い負かすのは得策でないでしょう。特に生徒と先生、あるいは保護者と先生が対立する場合に、相手が言っていることが間違っていてこちらが言っていることの方が正しいと思い、一生懸命に相手を言い負かそうとするケースを見かけます。でも、**言い負かしたところで対立は深まるばかり**なのです。肝心なのは納得できるかどうかなので、気持ちよく理解してもらうことを目指すべきです。それはこちらだけが譲歩するとか、甘やかすこととはまったく別で、こちら側の言語だけで戦わない、ということなのです。対生徒、対保護者のコミュニケーションでは、「勝つこと」は「解決」につながりません。

「先生の言っていることは正しいのかもしれないけれど、私は納得できません」というのは実によくあります。生徒は「すいませんでした」と言ってその場は終了します。でも、その後の生徒と先生の関係が壊れてしまったのでは全く意味がありません。まず生徒の気持ちを確認して、生徒の立場に立って話を聞き、気持ちを通じさせた上で「良いことは良い」「悪いことは悪い」という話をするのです。**気持ちが通じ合っていない状態での言い争いは、先生と生徒の関係にはそぐわない**のです。

「遠回し」は生徒を困らせる

また、持って回った言い方や気の利いた言い回しも意外と好かれません。理由は単純で、子どもにはわかりにくいからです。いつもいつも何を言っているかがわかりにくいと面倒だし、肝心なことが伝わらなかったら困ります。「もっとはっきりとわかるように言ってほしい」「ちゃんと具体的に言ってほしい」と思われるのは当然でしょう。

指示は明確さが大切です。指示だけではなく先生が生徒に伝えることは常に明瞭でなければなりません。**言い方が曖昧なために誤解が生じるようなことがあれば、生徒はどうすることもできずに、ただただ困る**のです。遠回しに言っておいて、うまく伝わらず、「言うことを聞かない」と怒り出されたら…それもまた子どもにとっては酷です。

「きらわれないようにすること」が目的の一番になってはいけません。しかし、生徒との関係をつくる上で、きらわれないように努力することは必要なことです。生徒にとっても過ごしやすいです。自分の喋り方や人との接し方、話の仕方を、何度も振り返りながら反省をし、改善の努力をしていくことは、教師として必要なことであると私は考えています。

子どもの変化に気づく

人に言われて嫌になる言葉と、反対にうれしい言葉があります。人にされて嫌になることと人にしてもらうとうれしいこともあります。何を言ったら嫌がられるか、何を言ったら喜んでもらえるかということをよく考えて、自分の言っている言葉がどちらなのかが瞬時にわかる感性を身に付けたいと常に思っています。

「人の心を読む」と言ったら特殊な能力のようですが、実はみんながお互いに、自然にやっていることです。「いま言ったことで相手は気を悪くしなかっただろうか」「相手を喜ばせるには、何と言ってあげたらいいだろうか」と日々考えて生活しているはずです。

これと同じことを生徒にも考えてあげようとすればいいと思うのです。そして、相手の表情をよく見て、どういうことを言ったときにはどのような反応をするのかを、気をつけて見てあげるようにします。

よくわからないときには、素直に聞いてみてください。子どもの反応は、わかりやすいときはとてもわかりやすいですが、わかりにくいときは非常にわかりにくい。わかりやすい子は、怒っているときは素直に怒って見せてくれます。うれしいときははしゃいで喜びます。

しかし、自分の反応を見せたがらない子は、うれしくてもニコリともしなかったり、怒ったり動揺したりしていても表情にも出さなかったりします。わかりにくい子が非常にわかりにくいのは確かです。

でも、日々の学級運営や指導では、「わかりません」のままでは進めない場面が多々あります。

よく見ていたら、眉を少し動かすかもしれない。目の焦点が合わなくなるかもしれない。よく見ていたら「いつもとは違うその子」を見つけることができるかもしれない。

そう思って、生徒のことを、その表情や言動、体の動きをよく見てあげようとすることが事態の前進につながります。意識して見つけようとすれば見つかるようになるけれど、見つけようとしなければいつまで経っても見つけれない。生徒の変化とは、そういうたぐいなのです。

これも、法則を覚えようとするのではなく、（日常生活でほかの人を思いやるのと同じように）気持ちをわかってあげようと思うのがコツです。生徒の心の動きを敏感に察知することができるようになれば、辛い思いをしている子を早く発見することができます。何か事件が起こるのを未然に防ぐことができるかもしれません。

「今までと違う」「わずかに何かが違う」という違和感を感じ取って、生徒に「どうしたの」「何かあったの」と声を掛けることで、その子を何かから救うことができるかもしれない。それが何より重要なのです。生徒の気持ちを把握するためにすぐにアンケートを取りたがる先生がいますが、生徒を観察して把握する方が格段に発見が早いです。しかも確実です。

生徒のことを理解してあげることのできる先生になりたいのであれば、生徒を観察する腕を磨きましょう。生徒をしっかりと観察して、気持ちを理解してあげることができるようになれば、生徒からの人気も確実に上がります。そして生徒からの信頼度も同時に上がっていくことは間違いありません。

話し口調

意外とないがしろにできないのが、声の大きさや話し方です。大きすぎても小さすぎてもだめです。大きすぎれば、聴覚に過敏さがある子どもなどにとってはつらいものですし、そうでなくても何となく不快感を感じます。逆に一生懸命に聞かないと聞き取れないような小さな声では、指示や授業の内容が通りません。

些細なことと思うかもしれません。でも、聞き取りづらい話し方を毎日毎日、聞き取らなければならず、諦めて適当に聞き流していたら、大事な話も聞き逃してしまいかねません。ちゃんと聞いていなくて後で叱られでもしたら、生徒は「本当に悪いのは自分なのか」と疑問をもつのではないでしょうか。

先生は、ＤＪや落語家のような流れるようなかっこいい話し方をしなくてもいいのです（むしろすべきではないでしょう）。「生徒に伝わりやすい話し方」であることが重要なのです。

話し口調も、聞き手に合わせるべきものです。丁寧に話をする方がいいのはもちろんですが、丁寧であればいいとも限りません。

基本的には丁寧で、方言や馴れ馴れしい口調も混ぜながら、上手に話をする先生がいます。大事な話をするときや毎日のお決まりの話をするときは丁寧に敬語で話し、語りかけるとき、叱咤激励するとき、楽しく話をするときは崩した話し口調で話をするのです。

丁寧でなければいけないと思い過ぎて、厳しく叱るときに敬語で叱ったのでは、厳しく伝わりすぎたり、気持ちや内容が伝わらなかったりします。

私たちはアナウンサーではないので、何がなんでも丁寧でなければならないということはないのです。ただ、粗暴でなく、生徒が受け取りやすい話し方が必要なのです。そして何よりも、聞き取りやすい話し方は、聞く人に安心感を与えます。先生、特に担任の先生は、毎日毎日クラスの生徒に話をします。話し方でイライラさせるのと、安心感を与えるのでは、一年間でものすごい違いになります。

所作に表われる誠実さ

私は以前、仕事中の自分の姿を客観的に見て恥ずかしくなり反省したことがあります。

その頃は、たまたま仕事が重なってとても忙しい生活をしていました。時間が足りなくて少し焦ってもいたのだと思います。そんなとき誰だったか、若い先生が話しかけてきました。内容は忘れてしまったのですが、そのときの自分の態度はよく覚えています。

その先生が私に話しかけているのに、私は相槌を打ちながらパソコンを打つ手を止めずに聞いていました。そのときハッとして「自分の、人の話を聞く態度はよくない」と思い恥ずかしくなりました。以前、同じようなことをしている人を見て「感じ悪いな」と思ったことがあったのに、気がつかないうちに自分がしていたのです。「しまった」と思いました。それ以降は、人と話をするときは、相手が後輩であろうと、教育実習生であろうと、生徒であろうと、必ず手を止めて、その人の方を向いて話を聞くことにしています。

また、同僚の先生が、教育実習生と打ち合わせの話をしている姿を見かけ、とても気になったことがあります。その先生はいつもにはないくらいの速足で歩き、実習生が一生懸命ついて行きながら一生懸命に何か話しかけていました。実習生が話しかけても話しかけてもそっぽを向き、足早に歩き去りながらでしか話を聞こうとしないのです。いや、聞こうとしないというアピールをしているようにさえ見えました。

これも同じで、相手がたとえ教育実習生であっても、それは無礼なのではないかと思います。違う業種ではそのような場面もあるかもしれませんが、我々は教師で、場所は学校です。生徒も見ています。

その教育実習生と何があったかはわかりませんし、厳しく接することで何か（教育現場の厳しさのようなもの）を教えたかったのかもしれません。でも、無礼な態度で厳しくするのは間違っていると思います。繰り返しになりますが、その姿は、生徒も見ています。そして、生徒への態度にも表れます。

場面によっては大げさなくらい丁寧な態度で、ときにはものすごく優しく人の話を聞く。でも一旦厳しくしようと思ったら、聞いているか聞いてないかわからないようなそぶりで、返事もしない。態度の違いの基準もわからない。これでは、生徒はその大人を信頼できません。

年長の先生が若い先生と話をしているときに、「それで？」「お前はどう思うんだ」「そんなこともわからんのか」「話にならん」などと言いながら会話をする場面も（見たくないのですが）目にすることがあります。でも、何かを若い人に教えるときに、そのような態度や口調が必要でしょうか。そこから、若い先生は何を学ぶことができるでしょうか。

生徒に対してはなおさらで、中学生ぐらいの子どもは、いろいろなことがまだわかっていません。わかっていないことは、まず教えてあげなければならないはずです。

その上で、わかっていて悪いことや間違ったことをしたのなら、指導をすればいい。しかし、それでいつもいつも、尊厳を傷つけられるような言い方をされていたら、生徒は嫌になります。そして「あの先生、わけがわからない」と言って、反省や学習の機会も失ってしまう。

「わけがわからない」というのは、正直な感想です。**「そんなこともわからないのか」「話にならない」「教えてやろうか」「自分でよく考えろ」では、本当に何を言われているのかわからない**のです。

そんなとき大概の生徒は「はい」「すいませんでした」と言ってその場をやり過ごします。

そして、後でその先生の悪口を言い回るのが関の山です。「この先生には何を言っても意味がない」と、ほかならぬ生徒が判断しているのです。

例えば生徒と話をするときは、相手の方を見て、目で頷きながら話を聞く。何か物を渡すときは丁寧に渡す。渡すときは相手の方に向けて丁寧に渡す。受け取るときも丁寧に受け取る。プリントを集めてくれた生徒には「集めてくれてありがとう」という態度で受け取る。声を掛けるときには、友達同士の会話が終わるのを待って話しかける。話に割って入るときには、話に入って申し訳ないと断って話に入る。廊下ですれ違うとき、追い越すときの動きに気を使う。あいさつをするときは声を出して頭を下げてあいさつをする。

話し口調と同様で、常に四角四面に丁寧である必要はないでしょう。でも、基本的には人と人との接し方として**「相手を尊重している」と伝わる接し方**をするべきです。特に、年長者や役職に就いている人が、自分より立場の弱い人と接するときはなおさらです。

また、相手に対して尊重しないとか軽く扱おうといった気が全くないのに、無意識でそうなってしまうことにも、注意が必要です。例えば、生徒が何か話しかけてきたとき、一言で言いたい内容がわかるときがあります。「あ、それは○○先生のところ（に持っていきなさい。）」などと返答をしてしまいます。生徒の話を途中でさえぎったり、話を取ってしまったりしないようにしましょう。

褒める、叱る、諭す

私が若かった頃は、「先生は子どもをたくさん褒めなければならない」と言われました。もちろん褒められると気分がよくなり、さらに頑張ろうと思えます。叱られるばかりで全く褒められないのはつらいです。しかし、褒める内容やタイミングを間違えると、生徒は先生に対して逆に不信感をもつこともあります。

教科の指導をしているとき、正しいか間違っているかが明確なとき。例えば数学の問題を解いていて、途中の計算が違っていたら明らかに間違いです。

そのとき、頑張っていれば頑張っていることを褒めればいいし、途中まで合っていたら途中まで合っていると言えばいい。しかし、間違いは間違いとして教える必要があります。当然ながら、先に挙げたような場面で、間違っているのに「いいよ」「いいね」と褒めるような言い方をすれば、生徒は「褒められるのはおかしい」と思うでしょう。そばで聞いている子も「先生は間違っているのに褒めるから変だ」と思います。**意味もなく叱るのは当然よくないですが、意味もなく褒めるのも、同じくらいよくない**のです。

生徒が傷つくことや、やる気をなくすんじゃないかと心配して、やんわりした言い方をしてしまうのでしょうが、不明瞭な言い方になってしまっては、かえって生徒は混乱します。何が正しくて何が正しくないかがわからなくなってしまうのです。

それに、子どもは「間違っているよ」と言われること自体はそんなにイヤではないし、傷つきもしません。先生がバカにした言い方をしたらもちろん傷つきますが、普通に「違うよ」と言われるのは問題ありません。「合っていないのか、残念だな」とは思うかもしれないし、「恥ずかしい」と思うかもしれませんが、伝え方さえ正しければ、傷ついたりやる気をなくしたりはしないものです。むしろ「次こそは」と頑張る子もたくさんいます。また、もしも「間違ったら即やる気をなくす子」がいたとしたら、そのこと自体への対処が必要でしょう。

「誉める」を織り交ぜながら、「注意する」「叱る」「諭す」「言って聞かせる」といった指導方法を、ケースや頻度、クラスや学年の状態に合わせて調節していくのです。どれか一つの方法、あるいは程度だけしか使わないというのは、時にそれが状況に合わないことがあるので、注意が必要です。

第3章

それでもきわられる

きらわれ方にもいろいろある

瞬間的にきらわれることと、最終的にきらわれることの違いは重要です。生徒が先生の悪口を言うのはよくあります（特に中学校では）。学校では「あの先生きらい」などといったセリフが、毎日のように聞こえてきますが、それが徐々に「見るのもイヤ」「話もしたくない」となっていくか、逆に「やっぱり好きかも」「意外といい」となっていくかは大きな違いです。

生徒が入学した当初には、いろんな子に「あの先生きらい」と言われながらも、年を追うごとに逆転し、卒業間近には「あの先生、なんか好き」に変わっていく先生がいます。当然、卒業までずっと大人気の先生もいる。生徒の好ききらいは気まぐれなので、生徒に瞬間的にきらわれることはあまり気にする必要がないと私は思っています。

しかし、**信頼を失ってのきらわれ方は、これは気にするべき**です。「最終的にきらわれる」とはこのケースです。失った信頼は簡単には逆転しないし、他の生徒にも悪い評判は広がっていきます。これまでの章で見てきたのと逆で、クラスの生徒や学年の生徒にきらわれてしまうと、今後のすべての業務に支障をきたすことになります。それに精神的にも苦しいでしょう。何を言っても裏目にしかならないし、生徒も言うことを聞かなくなっていく。先生の言うことだから聞かなければならないから一応は聞くという子もいるが、態度から「私はあなたを信頼してません」「話しかけないでください」と言う気持ちが伝わってくるような子もいる。

この章では、瞬間的なきらわれ方やそうでないもの、また学年や学校での先生の役割分担を見ていきます。

きらわれないといけないときもある

中学生くらいの年頃では、簡単に人をきらいになります。友達のことも、先生のこともです。思春期で不安の多い時期なので致し方ないでしょう。それもまた成長の一歩です。ただ、相手に悪意がなくてもそうなることがあり、教師としては大変です。

ただ、それもまた仕方のないことでもあるのです。悪意もないし他の子なら気にも止めないようなこと、一般的にも差し障りのないようなことでも、その子が「傷ついた」「許せない」と思ってしまったら、何を言っても無駄だし、いくら説明しても言い訳のように思われてしまう。その気持ちを否定しようもないので、それはそれで解決していくしかありません。まさに教師の本職でもあるでしょう。

しかし、「先生が口うるさく言うのが気に入らない」とか「先生が厳しいのが気に入らない」ということであれば、これは先生の方も諦めてきらわれるしかないと私は思います。

私たちの仕事は、「きらわれたくないから口うるさく言うのは止めよう」とか「きらわれたくないから厳しくするのは止めよう」というわけにはいかないのです。伝え方はさまざまありますが、言うべきことは言い続けなければなりません。

もちろん、何度も何度も言われるのはキツいだろうから頻度を下げようとか、「今回は大目に見よう」とか「たまに良かったときはきちんと褒めてあげよう」など、その子の実情に合わせて調整してあげる必要はあります。また、言い方についても、これまで見てきた通り、イヤミな言い方をしたり、「反省しない子どもを傷つけてやろう」と思って使う言い方ではいけません。

しかし、全く言わなくなるというわけにはやはりいかないのです。きらわれようとも、関係が悪くなろうとも、言うべきことは言わなければなりません。それが教育者としての務めです。

中には言えば言うほど背を向ける子、先生をきらいになる子もいます。自分勝手さや自己中心的な考え方が激しいときもあるでしょう。そのような子に、注意をしたり悪いところを指摘したり耳の痛いことを言ったりするのは気が引けます。でも、本人なりの目標に向かうときや他者とともに生きていくのにあたっては、伝え続けなければいけないこともあります。その子との関係が悪くなったら、教師同士のチームワークでカバーしたり、別のタイミングで良い関係をつくる手立てをするなどの方法もあります。

対象が個人ではなく、集団であった場合は、もっと難しいでしょう。集団が荒れていき、価値観が崩壊し、悪いことがまかり通るようになったとき、おだてても すかしても改善されない、褒めても効かない、何をしても良くならない、悪くなる一方のときがあります（思い出すだけで辛い時間です）。

毎日毎日悪いことばかりが目につきます。目につくということは、実際に悪いことが起きているという証拠で、困難ですがそれでつらい思いをしている子のためにも、何とかしなければなりません。そのようなときは、集団にきらわれようとも、つまり集団の多数派にきらわれようとも「悪いことは悪い」「駄目なことは駄目」と言い続けるしかありません。言うのを止めて諦めてしまうと、もっと悪くなるからです。

このように、「何があっても全ての生徒にきらわれない」というのは難しいことであり、事実上、不可能と言わざるを得ません。何かのきっかけで「仕方なくきらわれる」こともあるし、「きらわれるべくしてきらわれる」という場合もある。

ここまで言ってきたことと矛盾するように感じるかもしれませんが、ある意味、この「先生」という仕事は、一部の生徒にはどうしてもきらわれるものだという覚悟をして、きらわれてもいいから「きちんと仕事をしよう」と思うべきなのかもしれません。**そうして当たり前の秩序が守られることで得られる信頼も他方ではあります**。以前、先輩の先生に言われたことがあります。「半分の生徒にすごくきらわれて、半分の生徒にすごく慕われる先生が、きちんと仕事をしている先生だ」と。

そして、自分ひとりで全生徒から好かれる必要はありません。学年の先生とチームで助け合うことも同じくらい重要です。

「クレームの少ない先生」

生徒や保護者からのクレームが多い先生と少ない先生がいます。

傾向は確かにあるのですが、一概には言えないところもあり、クレームが多い先生が必ずしも「悪い先生」とは限りません。「能力の低い先生」とも思えないのです。今までに多くのベテランの先生、若手の先生を見てきましたが、生徒や保護者からのクレームが多い先生が、必ずしもダメな先生とは限らないように思えます（むしろ逆とも思えるときがあります）。

例えば生徒を叱らないといけないとき、その生徒との関係を気にして叱らないで終わらせたらどうなるでしょうか。

叱らない先生にはクレームが少ないです。**その代わり、その生徒は変わりません。そのおかげで怯えている子がいた場合には、その子を救うこともできません。**逆に、生徒の悪い行動を一つとして見逃さず、しっかりと叱り、厳しく指導していく先生は、その生徒とぶつかり、クレームに発展することが多いです。

教師として正しいかどうか、いい先生かどうかというだけではありません。叱られるべき生徒を叱らずに悪いことをする生徒をそのままにしていると、（これまで見てきた通り）場合によっては集団がすさんでいきます。そのようなクラスや学年では、不思議とクレームが多くありません。その代わり、先生は生徒から信頼もされていません。

そして生徒はなんとなく納得のいかないまま時が過ぎていき「学校はきらいだが仕方ない。私だけでもいい子でいて、卒業までただただ何事もなく生活しよう」と思うようになるのです。しかし先生のことはきらいなままで。クレームは言わないがきらいで、信頼していないのです。

きちんと叱り、クレームが多いその先生は「生徒とうまくいかない」「保護者とも関係が良くない」と思われがちですが、実はむしろいい状態であることが多いのです。じっくり話をすれば保護者も理解してくれることが多いからです。私の見る限りでは、大変な思いをして保護者対応をしている先生ほど、本気で生徒のことを心配して、一生懸命に先生の仕事をしている人が多い印象です。

憎まれ役には誰もがなれるわけじゃない

中学校では、教科担任制ということもあって、学年の先生全員でその学年の生徒を見ていくという形が大半です。あるいは学校全体で全校生徒のことを見ていく学校もあります。

学年全体で学年の生徒全員を見ていくことのメリットは、学年の中で得意／不得意がある先生が、**得意なことに合わせて役割分担をすることができる**ことです。パソコンが得意な人もいれば話が上手な人もいる。文書を書くのが得意な人もいれば、日程を管理するのが得意な人もいます。

生徒を指導する面でも、おとなしい子へのアプローチが得意な人もいれば、元気で乱暴な子が得意な人もいる。私は変わったタイプの子が得意だったから、変わり者の生徒の話を聞くことが任されがちでした。

生徒を指導するときは、叱ったり、諭したり、褒めたり、言って聞かせたり、話をじっくりと聞いたりと、いろいろな方法を駆使します。同じ一人の生徒を指導するときでも、じっくりと話を聞くことがあれば、わかっていないところは教えてあげて言って聞かせることもあるし、時には厳しく叱るということも必要です。

しかし現実はなかなかうまくいかず、一部の役割を他の先生にお願いすることもあります。「あの生徒の行動を一緒に指導してくれませんか」とか「あの子の話を聞いてあげてもらえませんか」とお願いするのです。自分の苦手とする生徒でも、他の先生は得意だというときもあるし、自分とは関係が悪くても、その生徒と良い関係をつくれている先生もいます。役割分担をすると、生徒の指導がスムーズにいくことが多いのも事実なのです。

そうなるとやはり、叱るのが上手な先生はよく生徒を叱っています。生徒指導の係になっている先生に多いタイプで、そうなるとどうしても、そんな先生は「叱り役」ということになってしまいがちです。いつもいつも「叱る」ばかりしていては、その先生に負担がかかるので、同じ人に任せっきりというのは注意が必要ではあるのですが、やはり得手不得手で分担するのは自然な面もあります。

憎まれ役の先生は、他の先生たちを代表して口うるさい役をしてくれているので、**他の先**

生は感謝しなければならないと私は思っています。また、その先生がいつもいつも口うるさいだけにならないように、必要な注意は、みんなで口をそろえて指導する必要もあります。「自分は生徒に自由にさせたいから、ルールを破っていても注意はしません」というわけにはいかないのです。

（ルールが適正がという視点は必要ですが）ルールを破っている生徒、先生の指示に反した行動をしている生徒は、きちんと指導が必要です。また、何を指導して何は指導しないかの基準も、自分の価値観で判断するのではなく、学年または学校で決めているものに従います。子どもたちはその基準から、何をしてはいけないのかを学ぶのです。

そして、こうした役割分担のなかでは、先生みんなでフォローしていくことができます。例えばその先生のクラスで「なぜその先生が口うるさく言うのか」「それは必要だからであってみんなのためになる行為なんだ」と伝えるなどです。

そのようにして集団を学年の先生みんなで協力して導いていくことができれば、集団を指導することも楽になるし、憎まれるだけの役割の先生もつくらずにすみます。上手に集団をつくっていけば、口うるさく指導してくれる先生も、そのフォローをする先生も、どちらも生徒たちから信頼され、人気の先生になっていくことができるのです。

逆に先生たちの役割分担がうまくいかず、お互いに悪く言い合ったり足を引っ張りあったりすると、生徒の集団にも伝わっていきます。

教師のチームワークと信頼

誰でも、自分のことは褒めにくいものです。だから、教師のチームワークをよくするためにはなおのこと、生徒のために頑張ってくれている他の先生に生徒の前で感謝したり、褒めたりすることは意外と効果が大きいのです。お互いに褒め合ったらイヤミにも自慢話にもならず、生徒に先生たちの良いところをどんどん伝えることができます。

それに不思議なことに、こちらがその先生のことを褒めていたら、それがいつのまにかその先生に伝わり、そのうちその先生も私のことをどこかで褒めてくれるようになります。そしてお互いに良いところを生徒に言い合う関係ができあがる。それが学年団の協力関係につながり、好循環ができあがるのです。そうなると自然と良い集団ができ、生徒たちもいい子になっていきます。不思議なものです。

逆に、先生同士が足を引っ張り合うようになったら、不思議と何も言わなくても生徒たちにそのことが伝わり、お互いに人のことを悪く言う風習が生徒の間にも広がっていきます。

生徒の前で他の先生の悪口を言ったりするのは最悪です。**私の経験上、他の先生の悪口を言う先生は生徒から信頼されなくなっていきます**。当然のことかもしれません。人の悪口を、しかも一緒に働いている仲間のことを悪く言う人は、その当事者でなくても「信頼できないな」と感じます。「自分もそのように悪く思われているのだろうか」とか「本人にはいい顔をして、いないところでは悪く言う人なんだな」と思われるからです。

先生たちがお互いに出し抜き合ったり足を引っ張り合ったりする学年も経験したことがあります。お互いに近い世代の先生が多く集まりすぎていたからか、それとも意地悪な人がたまたま集まっただけなのか。競い合ってライバル関係にあった先生たちが、いつしか出し抜き合い、足を引っ張り合うようになっていました。おそらく生徒たちは私たち学年の先生を「ダメな人たちだな」と感じていたように思います。今でも思い出すと恥ずかしくなります。不思議なもので、出し抜かれたら出し抜き返したくなるのです。私もいつの間にかその醜い争いに参加していました。

教師のチームワークは簡単に壊れることがあります。しかもよくあることなのです。ある先生の、自分のクラスやクラスの生徒への想いが強くなりすぎて、自分のクラスの生徒を良いように言いすぎただけで学年のチームワークが壊れることもあるくらいです。また、生徒に良い格好をしたくなって、他の先生の立場を悪くしてしまうだけでも、教師のチームワークが壊れてしまうことがあるでしょう。

教師のチームワークが壊れると、生徒たちからの先生への信頼が揺らいでしまいます。よくよく気をつけないと、先生たちみんなで一緒に、生徒からの信頼と人気を失ってしまいかねません。

他の先生と協力する

他の先生を「助ける」には

学校を「荒れた学校」「すさんだ学校」にしないというのは、当然一人で取り組むには難しいことです。学校や学年の方針と違う動きをすれば孤立するし、他の先生からの反感を買うと、他の場面でも協力してもらえなくなるリスクがあります。これはとても危険なことなので、極力避けるべきでしょう。

自分が元気で自信満々のときはいいですが、何か困ったことが起きているときとか自信を失っているとき、何か大きな失敗をしてしまったときなどは、他の先生方の助けが必要です。失敗をして自信がなくなっているときに、他の先生たちから嫌がらせをされると、本当に頑張ることができなくなります。困っているときに助けてもらえないショックもとても大きいでしょう。

若いときは、妙に自信があることが多いです。私も、先生という仕事の難しさをまだ経験していなかったからか、若いころは自信満々でした。若いときの自信はいいことだと思います。失敗を恐れず、大胆に熱血先生ができるのも、若いときならではのことかもしれません。悪いことも含めていろいろなことを想定し、警戒して、消極的になるのは、もっともっと後になってからでいいでしょう。

しかし若くて自信にあふれているときは、謙虚になることも必要です。失敗したり叱られたり間違いを指摘されたりしたときに、例え自分の方が正しくて、先輩の先生の言っていることが間違っていると思えたとしても、経験からくる知識や学びもあるはずです（もちろん、理不尽な指導はこれにあたりません）。

経験を積んだ先生の言うことは意外と正解であることが多かったり、言いにくいことを言ってもらえるのはありがたいケースもあります。そしてそう思うことによって、仲間の先生たちと良い関係を作っていくこともできます。自分の考えを通すことよりも今後の仕事がやりやすくなっていく可能性もあるのです。

逆に経験を積んだ先生は、若い先生に対して、良いアドバイスをしてあげることを心掛けるべきです。人それぞれで違ってもいいことで叱るような言い方をすれば、若い先生はやりにくくなるでしょうし、反感ももつでしょう。大人同士の場合も、生徒に対してと同じで、「相手が納得するように言う」とか、「相手を尊重した言い方をする」といった配慮は当然必要です。ある意味、若い先生がやりやすくなるようにサポートをするのも年長者の役割だと思います。**ベテランの先生は若い先生がやりやすくなるように骨を折る**。また、**その学校の勤務年数が長い先生はその学校が一年目の先生がやりやすくなるように骨を折る**。こういった風習のある学校はみんながやりやすい、良い学校だと思えます。

助け合いの中で価値観が磨かれる

私は学校の先生以外の仕事をした経験がないので、他の仕事と比較して考えることはできませんが、民間企業で仕事をしている友人や役所で仕事をしている友人の話を聞いている限りでは、学校の先生という仕事は、堅苦しさが少ないようです。

先生が生徒と爆笑しながら仲良くつまらない話をしている姿はよく見かけるし、生徒にからかわれたり逆に生徒をからかったりすることも多いでしょう。クラスに1人は面白いキャラの子がいて、しょっちゅう笑わせてくれるし、そんな子と一緒になって、先生がクラスのみんなを笑わせたりすると、こんなことをしていて給料をもらっていいのだろうかとさえ思うことがあります。

そして**何よりも、先生という仕事のいいところは、一緒に仕事をしている周りの先生たちと助け合いながら仕事ができる**ということです。生徒に一大事があったときは、担任の先生だけでなく同じ学年の先生や、時には違う学年の先生も一緒になって「どうしよう」「ああしようか、こうしようか」と、みんなが担任の先生と同じ気持ちになって真剣に考えて相談し合います。

先生に一大事があったときも、その先生の話を聞いて相談に乗る人、その先生のフォローで代わりに仕事をする人、時にはその先生の代わりにクラスに行って生徒たちに話をしたり説教をしたりすることもあります。私も周りの先生たちに助けてもらったことがたくさんあるし、その経験から「誰かが困っていたらすぐにフォローに行くぞ」という気持ちをずっともち続けています。

一緒に仕事をする先生たちと良い関係をつくりながら、少しずつ周りの先生からの自分の評価を上げていき、信頼される立場をつくっていく。そうしていきながら、生徒たちとの正しい接し方を実践し、他の先生にも見てもらい、見本となりながら周りに浸透させていくことが私の考えるベストな手順です。

優しくすべきときには優しく接し、厳しくすべきときは厳しくし、生徒の話をしっかりと聞いてあげ、信頼される先生になっていくことで、さらに周りの先生からの信頼も獲得していく。そして同じ価値観で仕事ができる人を少しずつ増やしていくことで、学年や学校全体を良い方にもっていき、さらに働きやすくて、正しいことが正しく評価される環境をつくっていけるのです。

例えば学年の先生がみんな生徒から信頼されるようになれば、仕事がやりやすいし、生徒たちの集団も良いものになっていくでしょう。生徒たちの集団が良くなっていけば、生徒と先生の関係も良くなり、その後の指導もさらにやりやすくなっていきます。

このような好循環をつくり、それを広げていくことは、とても大事な取り組みです。そして自分自身も生徒からの信頼を感じ、充実して、やりがいを実感できる仕事をすることができるでしょう。

第4章

「きらわれない」の先に

良いクラス、悪いクラス

テストをすると、クラスによってテストの平均点は異なります。経験上、実感していることなのですが、学級運営がうまくいっていないクラスは平均点が低い傾向があるように思います。一年間で徐々に下がっていくこともあります。

中学校では、授業をするいわゆる授業担任によるところも大きいのでしょう。当然といえば当然ですが、授業が得意な先生が担当するクラスは平均点が上がっていき、そうでない人が担当するクラスは下がっていきます。不登校の子が多いクラスがあったり、配慮が必要な子がいてクラス編成の段階で差がついている場合もあるので一概には言えませんが、傾向はあると思います。

生徒に授業を受ける準備ができていなかったり、クラスの集団の雰囲気が悪かったりするのは、それ自体が学習によるものだと感じています。子どもたちは、最初からやる気のないダメな状態で集まっているわけではないのです。一日一日を過ごすうちに、頑張っても仕方がないと思うようになり、やる気がなくなり、集団が荒れていく。「頑張っても仕方がない」と思わせたのは誰、あるいは何でしょうか。

「頑張ったら褒められる」「頑張ったら評価される」と感じていたらそうはなりません。張り切って勉強していたら「他の子にからかわれた」「嫌がらせをされた」という経験をした子もいるでしょう。張り切っている子を評価して、それをからかう生徒は叱られなければならないのに、それを怠っていると、このような状態になることがあります。

「良いクラス」と「悪いクラス」の違いははっきりしています。「良いクラス」では正しいことが正しいとされ、「悪いクラス」では正しくないことがまかり通る。**「頑張った人、きちんとしている人が正しく評価される集団」をつくることが先生の大事な仕事の一つ**です。学級運営として最も大事な仕事と言ってもよいでしょう。

当然のことながら、クラスが良くなった／悪くなったということを、生徒は敏感に感じ取っています。去年までのクラスと比較するし、いま現在の他のクラスの情報も入ってくるので、それとも比較します。生徒に聞くと「うちのクラスはダメです」と言うときがあります。

「勝手な人が多いです」と言ったりすることもありますが、原因は先生がしっかりしていないことだとわかっているのです。

生徒は、きちんとしているクラス、正しいことが正しいとされるクラスを望みます。不思議なことにクラスを崩壊に導くような子が「正しいことが通るクラス」を望んでいることもあります。自分が正しく評価されなかったからヤケを起こしてクラスを壊していくという子も多いからです。誰しも最初は「良い子だと思われたい」「先生に褒められたい」と思って張り切っていたはずです。少なくとも小学校の、特に低学年の頃は絶対にそうではないでしょうか。

良い学校、悪い学校

第3章では、学年の先生たちのチームワークについてふれました。これが崩れると、生徒たちにも思いの外、伝わります。私も経験したことがありますが、先生同士の仲が悪い学年は生徒が悪くなっていくのが早いのです。本来は悪くなるはずのない子まで悪くなります。それがどんどん増える。だからこそ、学年の集団を育てていくためには、先生のチームワークが本当に大切です。

でも、チームワークだけではありません。学校全体で見れば、学校が向かっている方向も生徒に大きな影響を及ぼします。**学校が「生徒たちを大事に育てよう」「立派に育てよう」ということを一番の目標に設定し、先生たちがみんなでその方向に向かって努力している学校**は、いろいろなことがうまくいきます。それとは反対に、先生たちが生徒とは関係のないところを目標として設定していたり、先生たちがバラバラな方向を向いていていたら、学校はすぐに悪くなっていきます。

一度、学校全体で総合的な学習の大きな取り組みをしていて、生徒たちが忘れかけられたことがあります。普通に声をかけても、感じの悪い反応しか返ってこない。生徒に指示を出しても「はい」と言わない。必ず「でも…」と反論する。理屈をたくさん言う割に悪いこともたくさんする。指導すると、「はい、すいません」と面倒臭そうに言った直後に、横を向いて「チッ」と言う。そんな子がたくさんいる状態になりました。

先生たちは総合的な学習の取り組みに一生懸命なのですが、肝心の生徒のことがあまり考えられていない授業計画になっていました。具体的には、教科の授業はしょっちゅうなくなり、代わりに総合的な学習の時間が入ったり、講演会が入ったりする。小テストや放課後の補習といった個別の対応が減り、生徒会のリーダーや実行委員の子の活躍ばかりが目立つようになる。……といった具合でした。

生徒のことが見えなくなっていたと言ってもいいでしょう。生徒はそれを敏感に察知します。そして、**「先生が生徒のことをほったらかしにして、自分たちの実績を求めてばかりだ」**

ということがわかると、先生たちの言うことを素直に聞いているのがバカらしくなってしまうのです。そして、すさんだ集団として「悪い学校」が出来上がってしまう。

学校が悪くなっていけば、先生たちと生徒たちの関係も悪くなります。先生たちと生徒たちの関係が悪くなっていけば、それぞれのクラスで頑張って良い関係をつくってきた先生たちの努力も無駄になってしまいます。そして学校が荒れてすさんだ状態になったら、先生たちみんなが信頼されなくなってしまうのです。もともと生徒から人気のある先生でも、関係ありません。悪い状態もまた、相乗効果で広まっていくのです。

「悪い学校」になってしまった学校では、もうお互いに遠慮しあったり、傷を舐め合ったりしている場合ではありません。授業改善の取り組みや総合的な学習の取り組みなども、実情と合っていない取り組みであるならすぐに見直して、**学校を「生徒のための学校」に戻していくこと**を始めなければなりません。

学校がすさんだ集団になれば、いちばん困るのは生徒たちです。だからこそ、学校にいる大人が全員で、学校の改善に向けての努力を始めるべきでなのです。

具体的には、生徒が楽しいと感じること、充実していると感じること、頑張れること、力が付いていくことを中心にバランス良く学校生活を組み立てていきます。そうして、真面目に一生懸命に勉強したいと思っている多くの生徒の想いに応える学校に戻していくのです。

繰り返しになりますが、集団の秩序を守ることは、中学校では大事なことです。しかし、「秩序を守ること」が目標では足りない場合もあります。同じ秩序が保たれた状態でも、生徒たち全員が目標に向かって一生懸命に努力しているかどうかで、集団の空気は全然違ってきます。みんなが目標に向かって一生懸命に努力している集団をつくるという目標は、「秩序を守る」の次のステップです。

生徒にとって、「良い集団」をつくってくれる先生は「いい先生」です。そして、良い集団になっている学校は、本当に良い学校です。先生も毎日が楽しいし、生徒は勉強も部活動もやりがいを感じて毎日の生活を送ります。

生徒たちは、一人ひとりがしっかりと目標をもって、仲良く協力して、助け合って頑張ることができます。いい結果を出した人がいたらみんなで喜ぶし、自分もいい結果を出したいと思って頑張る。ねたんだりひがんだりせず、意地悪もなく、お互いを高め合う集団であれば、みんな頑張れる。みんなが頑張ると自分も頑張れるし、成長することができる。そういう集団を、クラス、学年、学校でめざしていきたいです。

いじめ

ここでは、すさんだ集団としての学校やクラスについてもう少し考えていきます。

まず、そうした学校では、いじめが多発します。生徒たちの「気持ち」がすさんでいるからです。毎日毎日イヤな気持ちで生活していたら、誰かをいじめてやろうと思う生徒も出てきます。暴言が飛び交っていると誰かの言動に腹を立てる機会も増えていくでしょう。イライラも、八つ当たりも多くなっていく。ちょっとしたことで腹を立てて、他人の行動が許せなくなってくるのです。そうした環境では、いじめが増えるのは自然なことです。

みんなが楽しく気持ちよく生活している「良いクラス」ではいじめが多くありません。生徒はよく「今のクラスは楽しい」「今のクラスはみんな仲が良い」と言います。私には、**生徒たちの「自分のクラスが良いクラスであってほしい」という願いが込められている**ように思えてなりません。子どもたちは、必死に自分のクラスを良い状態にしたいと思っているのです。「良いクラスだ」と言い聞かせて、お互いに「良いクラス」にしようねと確認し合っているようにも思えてきます。正しいことが正しいとされ、理不尽に怯えなくていい集団を、彼らは望んでいるのです。

また、生徒のことをきちんと理解している先生は、いじめを素早く発見します。一生懸命に生徒を守ろうとする先生は、いじめている子がどんな子であっても、その保護者がどんな人であっても、いじめを解決しようと全力を尽くすことができます。そして信頼できる先生は、他の子をいじめる子がいたら、その子に対してはもちろんのこと、それはいけないことだと、集団の価値観を正すことができます。

いじめをする子は、それを指摘されると、あの手この手で否定します。自分は悪くない。いじめなんかとんでもない。するはずがない、むしろこちらが被害者だ、と。そして多くの場合、保護者も一生懸命に子どもの潔白を主張します。時としてそれは「疑われた」「先生は誤解している」「一方的に傷つけられた」という具合に、学校や先生を責める方向に変わっていきます。いじめを解決するためには、いじめをしている子やその保護者に負けない強さが必要です。そしていじめを解決していこうとする強い意志も。いじめを許さない強い信念が必要なのです。そしてそこに、ある種の「強い先生」「怖い先生」に人気が集まる理由がある気がします。

学校が楽しい、だから頑張る

生徒たちが先生たちみんなのことを信頼し、好きになれば、いろいろなことが可能になります。先生たちみんなが、生徒から人気の先生になったら最強の教師集団です。生徒の力をどんどん伸ばしていけるし、目標を一つ達成すると、次に目指したい目標が出てきます。先生たちも毎日が楽しそうで、生徒たちももちろん楽しそうなのです。楽しいから頑張れる。頑張るから楽しくなる。少し難しい課題を出すと生徒は喜ぶ。好循環です。

生徒は頑張って挑戦することができるし、達成できたときは充実感を得ることができると知っているからです。行事でも、一生懸命に取り組めば良いものができるし、一生懸命に取り組んだことでの充実感も感じることができる。みんなと協力できたら心が通じ合い、クラスのみんなのことも好きになり、気持ちの良い人間関係も出来上がるのです。

一つの学年がそうなれば、違う学年にも良い影響があります。生徒が先生を信頼するようになるから、他の学年の子も「先生って信頼できるんだ」という気になってきます。学校全体が、楽しく頑張れる集団になってくると、楽しく頑張る体制が定着します。そして学校の雰囲気がどんどん良くなっていく。

先生たち全員の気持ちが、生徒たちを良い方に導いていこうとする方針で一致すれば、そしてその方法が正しければ、学校というものはどんどん良くなっていきます。

ここで一つ気をつけたいのは、生徒が「学校って楽しい」そして「楽しいから頑張る」という気持ちになるのは、**その楽しさが、頑張ることによって得ることのできる楽しさだから**という点です。授業のときに先生が何か面白いことをしてくれるから楽しいとか、ゲームのような活動だから楽しいとか、遊びながら勉強できるから楽しいとか、友達と一緒に勉強できるから楽しいといった楽しみ方もありますが、そのような楽しみ方では継続が難しいでしょう。

学校生活、特に学習に関して生徒が本当に「楽しい」と感じるためには、基礎的な段階から辛抱強く取り組み、ある程度の知識や技能を習得するという前提が必要です。例えば数学でいえば、基礎的な計算や数の感覚、基本的な数学的な見方や考え方が身に付いていなければ、本当の意味での数学的な楽しい部分を理解することができません。身近な題材で意外性を見せたり視覚的なもので驚かせたりしても、根本的な数学的な楽しさではないので、すぐに飽きてしまうし、内容が難しくなった段階で諦めてしまうことになります。

だから、良い授業をしようと思えば、そのときそのときの楽しさや驚きを見せるのもいいけれど、辛抱強く取り組む練習も重ねていき、粘り強く頑張る習慣を身に付けさせることが必要で、そのうえでの達成感や楽しさが欠かせません。そうすれば、長い目で見た本当の「良い授業」ができたことになるでしょう。「楽しさ」と「辛抱強さ」の要素をバランスよく与えることによって、授業が良いものとなっていきます。

授業では、「自分が頑張る場面」もあるし「みんなで協力していく場面」もあります。これもバランスよく体験させると、頑張りを継続もしやすくなります。「忍耐強く自分で頑張る」ことと「みんなで協力する楽しさや素晴らしさ」を体験させることで、勉強以外の「与えられた課題を解決する手法や解決する力」も身に付けさせることができるでしょう。

信頼される学校

誰よりもまず生徒の信頼から

校長先生は「信頼される学校」をつくろうとします。それ以外の先生は、自分も含め、学校がどう思われるかという広い視野で見ることはそう簡単ではありません。学校がどう思われるかよりも自分がどう思われるかの方が関心が高いでしょう。

でも校長先生も、それを意識しながらも、「信頼される学校」をつくっていく方向性を間違えてしまう場合があります。特に「地域や関係機関からの評価が高い」ことを目指すとそうなりやすい。さらには「もっと広く発信して、この学校のことを多くの人に知ってもらうこと」が「信頼される学校」になると思っている人もいるでしょう。

信頼される学校になるには、誰よりもまず生徒に信頼されることが大事です。そして次に信頼してもらうべき人は保護者です。生徒に信頼されると自然と保護者にも信頼されるようになるので、生徒に信頼されるかどうかで学校が信頼されるかどうかが決まると言ってもいいかもしれません。

インターネットのホームページをいくら綺麗に作っても、生徒からの信頼を得ることにはつながりません。先進的な取り組みをしてその実績を発表して、そのことにより学校の評価が上がると思うのなら、それもまた正しいとは言えないでしょう。そしてそれを広く紹介するために膨大な労力を費やすことによって、生徒の方に手が回らなくなるのなら、本末転倒です。

信頼される学校をつくりたいと切実に思っておられる校長先生は、休み時間によく生徒の様子を見に来られます。生徒の様子が一番よくわかる時間帯だからです。それに先生と生徒の関係もよくわかる。あと、朝や帰りの短学活（いわゆる朝の会、帰りの会）と掃除の時間です。掃除時間というのは、先生と生徒の関係が実によくわかる時間帯です。

生徒に信頼されるには、まず学校が学校本来の役割を果たそうと努力することが大事です。学校本来の役割とは「生徒を育てること」です。授業や学校生活を通して生徒を立派に育て上げることで。この本来の目的に向かって、全教師が一致して努力すれば、生徒たちは自然と先生を信頼するようになり、そして学校が「信頼される学校」になることにつながっていきます（すべての学校が本来の目的に向かっていれば、荒れた学校、すさんだ学校がなくなっていくとすら思えます）。

「特色」はなくてもいい

学校は、生徒のことを一番に考えることが大事です。「そんなこと当たり前だ」と言われそうですが、実際にそれを行動に起こしている学校はどれほどあるでしょうか。

そして、「学校には達成すべきことがいろいろある」「一つのことだけやっていては成立しない」ともよく言われます。いま、学校に求められていることは確かにたくさんあります。「学校の特色を出す」というのもその一つでしょう。公立の学校にも求められています。

校長先生は、自分の勤めている学校の特色を出すのに苦労されています。他の学校にはない「良いところ」を見つけて、さらに良くしていき、外部に発信していかなければならないのです。この大きな課題の実現には、校長先生一人が頑張っても難しいでしょう。実際に生徒や学年を動かしている先生方の協力が必要なのです。

学校によっては、何人もの先生が協力して、一生懸命に頑張って、学校の特色を出そうとしています。それは、（言葉を選ばずに言ってしまうと）生徒一人ひとりを大事にしている場合ではないくらい忙しいことなのです。生徒よりも学校の方を大事にするなんて、そんなことがあってはならないのですが、実際には簡単にそのような事態に陥ります。

学校は、生徒がみんなと仲良く協力して、勉強やその他のことに一生懸命に取り組み、いろいろなことを考え、「将来的に自分はどんな大人になっていくべきか」を考えるところです。喧嘩をしたり、悩んだり怒ったり泣いたりして考えていくのです。そのためには、たくさんの先生やたくさんの友達が必要です。反抗する相手も必要だし、喧嘩をする相手も、話を聞いてくれる人も必要なのです。そうして**いろいろな人を巻き込みながら一緒に考え、悩み、そして一人ひとりが自分の最も納得のいく答えを導き出すことができればいい**のです。学校にとって、これより大切な「使命」や押し出すべき「特色」があるでしょうか。

生徒は毎日の生活の中で、楽しんだり苦しんだりしながら、与えられる課題をこなしていくのに必死なので、そこまではっきりと「学校とはこれこれこういうものだ」という認識はないでしょう。でも、少なくとも「生徒（自分たち）の自己実現のための場所である」ということぐらいは感覚的にわかっています。**子どもたちは子どもたちで、学校を自分たちのためのものにするために、言ってみれば自分たちの手に取り戻そうと一生懸命**なのです。

「毎日、いるだけで苦痛だった」と感じずにすむ場所へ

いま不登校の子が増えています。いろいろな事情があるので「学校へ行きさえすればいい」とは一概に言えませんが、もし本人が行きたいのに行けない状況ならば、学校に行ける（来られる）ための支援が要るでしょう。学校では、たくさんの同級生と一緒に生活することができます。そのなかでの成長はとても大切です。

いまの複雑な世の中で、「学校とは何か」「生徒はどう生きればいいか」「先生はどうあるべきか」を考えると、答えがたくさんありすぎて、また考え方もたくさんありすぎてとても難しいです。「学校が楽しかった」「みんなで頑張った」「感動的な経験がたくさんできた」「友達も先生も大好きだった」という学校生活を送った人は実際にたくさんいます。そしてその人の人生に対して、その「学校生活」が良い影響を与えたものであることは間違いないでしょう。私は、学校とはそうあるべきものだと思っています。少なくともそうあろうとするべ

きものだ、と。

その反対に、学校が「学校なんか何も楽しくなかった」「毎日、いるだけで苦痛だった」「できることなら行きたくなかった」と多くの人に言われるような場所であるなら、みんなで力を合わせて改善していくべきです。**少なくとも、「学校は無理して行かなくてもいいところ」と言われていることに、我々学校関係者は、危機感を抱くべき**です。

「毎日ビクビクしながら学校に行っています」「誰かに酷いことをされないかいつも不安です」「何を頑張ればいいかわかりません」「先生も友達もみんなきらいです」というのは、本来のあるべき姿の学校ではありません。そんなことは誰でもわかっているはずなのに、どちらのタイプの学校も存在しています。

だから「人気のある先生」と「人気のない先生」が存在する。「信頼される先生」と「信頼されない先生」がいるのです。生徒たちが、子どもなりの感性で人を見て、人を見抜いて判断して、その総意で先生の「人気」や「信頼」が決まっているのです。生徒の目で見て「自分たちのためになることを一生懸命にしてくれる先生」「良い学校にしようと頑張ってくれている先生」かどうかを見極めて「あの先生好き」とか「きらい」と言っているのです。そして**困ったことが起きたら、あの先生に相談しようとか、あの先生がいるから安心して学校に**

行けると言われる先生が、多くの子どもたちを救っているのも事実でしょう。

「先生の仕事は人気があるかどうかではない」と言われることは多いです。「先生は人気取りに走ってはいけない」のも事実です。たしかに「人気」という側面だけを切り出せばそうかもしれませんが、このとき生徒が見抜いているのは先に伝えたような、「先生がどこを向いているか」ということなのです。言い方を変えれば、生徒を理解しようと努力しないでいれば、人気も信頼も積み上がりません。そうした結果どうなっていくかは、すでにお伝えした通りです。**逆に「先生は私たちの方を向いてくれている」と生徒が感じたら、徐々に人気や信頼が積み上がっていくでしょう**。

学校は生徒と先生が、同じ目標に向かって一緒に頑張るところです。楽しくて充実していて感動的な経験ができる場でもあります。そのことを学校の関係者にもそうでない人たちにも、みんなにわかってもらいたいと思っています。それが学校で一生懸命に生徒たちを育てている我々「学校の先生」の願いでもあります。

学校は誰のためのもの

学校は生徒のためのものです。法律では国家のためのものかもしれませんが、そもそもの学校というものを考えた場合そうではないでしょう。また、たとえ法律で「学校は国家のためのものである」と定められていても、その「国家のため」の目的を考えると、生徒の未来の幸福に寄与することは欠かせないのだから、「生徒のためのものである」と解釈しても何ら問題はないでしょう。少なくとも、教育現場としての学校が、先生のためのものであったり、地域住民のためのものではないのは確かです。

先生は、学校を「自分のためのもの」ではなく「生徒のためのもの」だと思いながら仕事をすべきです。時間割も、教科の授業も、道徳や学活、朝の会、掃除さえも。生徒に向かって語る「先生の話」も、先生のパフォーマンスや人気が目的ではなく、生徒にとって「良い話」「ためになる話」をすることが目的でなければなりません。もちろん生徒に少しでも「良い話」「ためになる話」をするために、先生がパフォーマンスの質を上げていくことは大事です。しかしその腕を上げていくことも、最終的には生徒のためということが目的となるべきです。

そう考えると、先生が学校でする「仕事」は、何から何まで生徒のためです。当然のことですが、授業や学級運営も生徒のためです。そして、先生が生徒からの人気を上げていくことも、生徒のためなのです。先生の人気があり、信頼されているということは、間違いなく生徒との関係が良好ということの証であり、生徒との関係が良好ということはその生徒にとって良いことにつながるのです。

先生の仕事

先生の仕事は面白いものです。生徒の近くで生活し、積極的に生徒に関わっていこうとすれば、いつまでたっても新鮮な発見があります。感動的な場面にもしばしば遭遇するし、もちろん失敗することや反省することもある。今でも「悪いことをした」と思ったら、相手が12歳の子どもであっても誠心誠意、礼を尽くして謝罪をします。生徒が悪いことをしたときは本気で叱るし、素晴らしい生徒に対しては尊敬の念をもつこともあります。

同僚の先生たちとの関係がうまくいっているときは、本当に感謝の気持ちをもつことが多いです。本気で困ったり悩んだりしているときに助けてくれる人のありがたさは、何とも言い難いうれしいものです。

学校というところは、ただ勉強をするだけでなく、たくさんの人と関わることによっていろいろな体験ができる貴重な場所です。子どもたちは喧嘩をしたり仲直りをしたり、怒ったり感謝したりして、人との接し方を学んでいく。大人になるまでに、自分勝手なことを言うばかりでなく、他の人と意見を交わして、上手に折り合いをつけて、自己主張をしながら人の意見を聞き入れていくことも学びます（そう考えると、学校は「行かなくてもいいところ」ではなくて「行くべきところ」、「行くといろいろなことを学べるところ」です）。

先生は、生徒が良い方へ向かって成長してくれることを目指してあらゆるサポートをします。うまくいっていない子には手を差し伸べる。困っていたり迷っている子がいたらどうすればいいか教え導く。そしてその方向へ成長していくことができるように環境を整えるのです。

生徒たちが、やりたいことややるべきことを一生懸命に頑張ることができるように良い集団をつくる。お互いに助け合いながら頑張ることのできる集団になるか、お互いに足を引っ張り合ってみんなでダメになっていく集団になるかは、先生の努力によるものが大きいでしょう。

これまで見た通り、集団は簡単に悪い状態になることがあります。生徒や保護者、もしくはその両方が、思い通りにならないことがあって自分勝手な主張をするだけで、先生の主導権が奪われ、集団が「悪いことをするのが当たり前」の状態になってしまう。そのような生徒や保護者とも良い関係をつくって、悪い状況にならないようにしなければならないのですから、とても大変な仕事です。私も「自分は全く悪くない」と思っていながら深々と頭を下げて謝罪したことがないとは言えません。保護者との関係が悪くなったときの教師の無力さを痛感しました。

また学校が、学校の方針として「荒れた学校、すさんだ学校にしない」ことを優先せず、逆に「先生のための方針」になってしまっても、集団は悪くなります。学校を「荒れさせない」「すさんだ学校にしない」と強く願う先生がいくら頑張っても、学校の方針が生徒の気持ちから遠く離れてしまってはどうしようもない。先生はやはり、集団を劣悪な環境にしてはいけないという責任感をもって、生徒たちを育てていかなければならないのです。そういう先生が増えてくると学校は必ず良くなっていきます。

悪いことは叱る。良いことは褒める。常に生徒のためになることは何かを考える。**そしてそのことを伝え、みんなで良い集団をつくっていこうと呼びかける**。当たり前のことをきちんとやっていけば、生徒は必ず理解を示してくれるし、協力もしてくれます。つまり、当たり前のことをきちんとしていけば、無理な努力をしなくても「その先生の人気」や信頼は、自然と上がっていくのです。

先生を始めた頃は、誰しも「こんな先生になりたい」という像があります。こんな授業をしてみたい。部活動で一生懸命に練習させて強いチームを作ってどんどん勝ち上がっていきたい。自分のクラスはこんなクラスにしたい。教室をこんな風にしていきたい。こんな学級通信を書きたい。そして、自分はこんな先生になりたい。もちろん理想の先生のイメージをもって、そうなろうとする努力は良いことだし実際に生徒にも伝わる部分はあるでしょう。しかしその想いが強すぎて、生徒が置いてけぼりになってしまう場合があります。それには注意が必要です。

そのための方法として良いのは、「こんな先生になりたい」とイメージする「理想の先生像」を変えていくことです。**「生徒のためになること」を一番に考える先生になろうとすること**です。そしてその「生徒のためになること」が実情に合っているものであり、生徒にとって良いものであるような客観性のあるものにしていくことです。実際私も、何十年も教師の仕事をしていますが、今だに「これは果たして生徒のためになっているだろうか」「独りよがりの価値観で判断してはいないだろうか」とよく考えます。他の先生とも頻繁に相談をします。「こんな時はこうすることがいいのか」「この時こうしたけど正しかったのか」、いろいろな先生に聞いてみながら自分の客観性を確かめています。

どの仕事にも正解はありませんが、この仕事は特にそうだと感じています。そして変わり続けることができるというのは、教師として大切な素質ではないでしょうか。

あとがき

ここまで読んでいただいた内容は、実際に現場で起こっていることを元に、私の周りの何人かの先生と話をし、その内容をまとめたものです。だから、これらの多くは私ひとりで思い付いたのではなく、綾野春樹先生、横山純子先生をはじめ、一緒に仕事をしてきた仲間たちの考え方に強く影響を受けています。この2人をはじめ、多くの先輩の先生方に教えていただいたことを一つにまとめたと言う方が適切かもしれません。あらためてお礼申し上げます。

もしかすると、それぞれの学校の実際とは多少違うかもしれません。「私の勤めている学校は生徒指導的に難しいから、この内容は当てはまらない」とか「地域が難しいから」「配慮や支援が必要な生徒が多いから」難しいと思われることがあるでしょう。

しかし本書でお伝えした考え方は、むしろ生徒指導的に困難な学校、配慮や支援が必要な生徒が多い学校、荒れたりすさんだりしている学校にこそ必要だと考えています。とても落ち着いていていて生徒が主体的に素晴らしい動きをして、先生もそれに応えている学校（順序は逆かもしれませんが）、つまり何の問題もないような学校には必要のない考え方でしょう。

学校現場では、例えば家庭的に厳しい環境にある生徒や、あるいは身体的・健康的その他の事情で学校での活動が困難な生徒に対して、線引きがゆらぐことがあります。当然、必要な支援と配慮は用意されるべきですが、その線引きが不透明な状態では、意味がないように考えます。厳しい環境で育ったために問題行動を繰り返すようになっている生徒に対してこそ、「悪いことは悪い」と教えてあげなければならないと思っています。

もちろん、他の子と比べてそうした学習に多くの時間が必要だったり、あるいはこちらからの働きかけの強弱を慎重に調整するなどの工夫は必要かもしれません。でも、家庭的に難しい子には何も言わないとか、露骨にひいきをするなどの対応は、どんな学校であっても良くないやり方です。その子にとっても、周りで学ぶ子どもたちにとってもです。むしろ家庭的に難しい子や問題行動を繰り返す子ほど「悪いこと」と「正しいこと」をしっかりと学ばなければ、その子にとっても良くない結果となります。いつかは学校を卒業して、たくさんの他者と、助けたり助けてもらったりしながら、自分を抱えて生きていくのですから。この点は、このあとがきにも重ねて記しておきます。

＊

もしかすると、本書の内容は、若い先生方にはあまり参考にならなかったかもしれません。私の主張は常に一貫していて、「正しいやり方をきちんとしていく」ことが、生徒との関係を良いものにしていき、同時に生徒からの人気も上がっていく、というものです。言い換えると、やはり、「これさえできれば必ず人気者の先生になる」というような画期的な方法、魔法はない、とも表現できます。地道に辛抱強く、そして間違えつつも「正しい人」としての態度で生徒に関わり続けるしかないのです。

道のりは長いです。でも、生徒との関係をみんなで築いていき、生徒と良い関係の学校が増え、どこに転勤しても生徒と尊重し合える環境がある世の中になっていけば、先生という仕事ももっとやりやすくなるし、もちろん生徒にとっても良い学校がますます増えていきます。「みんなでそういう世の中にしていこう」と、多くの人に思ってもらえることを望んでいます。

最後に、いろいろと丁寧にご指導くださった編集の大岩有理奈さんへの感謝の気持ちを書き記します。

２０２４年11月

前　哲央

前 哲央（まえ・てつひさ）
岡山市公立中学校教諭。
岡山大学教育学部小学校教員養成課程卒業、
岡山大学大学院研究科修了。
本書が初の単著。

なぜかきらわれない生徒指導

2025（令和7）年1月15日　初版第1刷発行

著者……………………… 前 哲央
発行者 ………………… 錦織圭之介
発行所 ………………… 株式会社東洋館出版社
〒101-0054　東京都千代田区神田錦町2丁目9番1号
コンフォール安田ビル2階
代　表　電話 03-6778-4343　FAX 03-5281-8091
営業部　電話 03-6778-7278　FAX 03-5281-8092
振替　00180-7-96823
URL　https://www.toyokan.co.jp
印刷・製本 …………… 藤原印刷株式会社
装丁・本文設計 ……… 木下 悠

ISBN978-4-491-05301-1
Printed in Japan